# 看图说法

## ——劳动权益维护与劳动争议处理

中国劳动保障报社 ▪ 组织编写

中国劳动社会保障出版社

**图书在版编目（CIP）数据**

看图说法：劳动权益维护与劳动争议处理 / 中国劳动保障报社组织编写． -- 北京：中国劳动社会保障出版社，2024． -- ISBN 978-7-5167-6670-5

Ⅰ. D922.5-64

中国国家版本馆 CIP 数据核字第 2024PH0747 号

### 中国劳动社会保障出版社出版发行

（北京市惠新东街 1 号　邮政编码：100029）

\*

北京市艺辉印刷有限公司印刷装订　　新华书店经销
787 毫米 ×1092 毫米　16 开本　10 印张　116 千字
2024 年 11 月第 1 版　2024 年 11 月第 1 次印刷
**定价：25.00 元**

营销中心电话：400-606-6496
出版社网址：https://www.class.com.cn

版权专有　　侵权必究

如有印装差错，请与本社联系调换：（010）81211666
我社将与版权执法机关配合，大力打击盗印、销售和使用盗版图书活动，敬请广大读者协助举报，经查实将给予举报者奖励。
举报电话：（010）64954652

# 前 言

辞职需赔一个月工资，这样的约定行得通吗？集团公司的分支机构欠薪，集团公司要不要担责？单位被吊销营业执照，员工权益会不会"清零"？员工不提供病休证明，单位能否不予批假？公司"分家"，员工的工作年限应怎样计算？劳动合同变更没有采用书面形式，是否有效……在劳动关系的实践中，难免会碰到形形色色的"坑"，选择答案时稍有不慎，就可能点燃劳动争议的导火索。

要避免掉"坑"，最基本的规则便是学法、用法、守法，在根据法律规范履行责任的同时，积极维护自身合法权益。本书意在为劳动关系双方平稳前行提供一份助力。

书中内容选自近年《中国劳动保障报》法律服务版面的"看图说法"栏目，各篇章主题取材于近年劳动关系领域引起社会广泛讨论的热点话题，覆盖劳动合同签订、劳动合同履行与解除、社保待遇、工伤争议、薪酬分配、休息休假等员工关系处理的各个环节。体裁特点在于采用了"故事+漫画"的形式，每篇文字力图围绕一个劳动关系法律热点，编撰成与劳动争议相关的普法小故事，为用人单位点明合规化管理的必要性，为劳动者分析合理维权的着力点，宣传劳动保障法律法规与员工关系实务知识，帮助读者处理不同情境下的劳动关系问题；在四格漫画配图中，通过不倒翁式的个性化人物形象，展示故事内容，并突出其中的关键法律热点，帮助读者以"读图"形式形象生动、简明扼要地理解法律知识，呈现出"漫说是非、画里有话"的效果。翻开本书，一个个劳动保障法律规则、员工关系管理原则，不再是生硬的说教，而是转化成与职场维权、管理实务息息相关的情节和场景，通过故事中企业管理者和员工的选择、人社部门工作人员的解说娓娓道来。

明是非才可平是非，知纠纷方能化纠纷。了解"如果发生了争议该怎么办"，更应该思考"该怎么办才不会发生争议"。现实中的劳动争议可能比故事和漫画中呈现得更加复杂，但其出现的因由可能就和书中一个个故事的起因一样，是双方对权责的错判、对法律的曲解、对风险的轻视、对诚信的放弃。携手共进、相互信赖，本是劳动关系双方应该秉持的相处之道，夯实这个根基，才能真正避免种种嫌隙、误解、对立，实现行稳致远。这也是本书中列举的种种劳动关系问题的共同答案。漫画中人物的结局，已固定在维权或纠错的状态。但书外的读者，还可沿着纠纷的脉络回到故事的最初，找到问题的症结，进而观照实践，调整处理劳动关系的正确姿态，寻求和谐共赢真谛，避免更多纠纷。

中国劳动保障报社

2024 年 8 月

# 目 录

## 劳动合同订立

劳动合同没盖公章，职工该怎么办？ ………………………… 3
约定发生争议不得申请仲裁，该约定合理吗？ ……………… 5
用人单位承诺支付违约金，该承诺有效吗？ ………………… 7
劳动合同顺延等于续签吗？ …………………………………… 9
未完成工作任务导致合同终止，这样的约定有效吗？ ……… 11
未经人社部门批准，适用特殊工时制的约定有效吗？ ……… 13
满足条件才能签订合同，这样的约定违法吗？ ……………… 15
劳动合同缺少必备条款，职工拒签后可以主张二倍工资吗？ …… 17
在微信中约定工资有效吗？ …………………………………… 19
辞职需要赔偿一个月工资，这样的约定有效吗？ …………… 21
约定好续签劳动合同，可以随意"过时不候"吗？ ………… 23
面对"空白劳动合同"，劳动者可以拒签吗？ ……………… 25

## 劳动合同履行与变更

转正后调整岗位还能再"试用"吗？ ………………………… 31
职务作品可以挪作他用吗？ …………………………………… 33

一天只能上两次厕所，这样的制度合理吗？ ………… 35
已选择订立固定期限合同，之后还能变更吗？ ………… 37
公司"分家"，职工工作年限计算会中断吗？ ………… 39
公司被收购，需要与员工重签劳动合同吗？ ………… 41
企业使用职工身份信息注册账号，职工可以要求注销吗？ ……… 43
年会中奖，公司可以不兑现吗？ ………… 45
明明到了"岗"，为何成"旷工"？ ………… 47
没有书面变更通知，就是"空口无凭"吗？ ………… 49
从早忙到晚却成"非全日制用工"，如此偷换概念违法吗？ …… 51
工资总额不变但结构调整，属于变更劳动合同吗？ ………… 53
为完成业绩而违规，也应减发工资吗？ ………… 55
没完成指标要求，属于严重违纪吗？ ………… 57
要享受医疗期，须履行请假义务吗？ ………… 59
没去用人单位指定医院复查，请病假该被拒绝吗？ ………… 61

## 劳动合同解除与终止

经济补偿最高只发 12 个月的工资吗？ ………… 67
心得体会与他人雷同，因此被解雇合理吗？ ………… 69
劳动者提供虚假证书，劳动合同有效吗？ ………… 71
协商后的经济补偿低于法定标准，可以"加价"吗？ ………… 73
在服务期内辞职，为何不用支付违约金？ ………… 75
解除劳动关系的事由可以随意变更吗？ ………… 78
解聘通知送达后还能撤销吗？ ………… 80
单位被吊销营业执照，职工权益会不会被"清零"？ ………… 82

解除劳动合同时尚未用工，需要赔偿劳动者损失吗？……………84
以完成项目为期限的合同终止，劳动者可以拿到经济补偿吗？…86
继续用工一年后才回复"同意辞职"，回复有效吗？……………88
协商解除合同后公司又要求返岗，职工可以拒绝吗？……………90
劳动者欺诈导致服务期协议提前解除，应该付违约金吗？………92
对被退回的劳动者，派遣公司可以与他直接解除劳动合同吗？…94
通过微信辞职，算书面解除劳动合同吗？……………………………96
保守商业秘密等于履行竞业限制义务吗？……………………………98
解除竞业限制协议，公司该如何承担责任？…………………………100

## 工资发放

从工资中扣除吃住费用，这种行为合法吗？…………………………105
奖金"换马甲"，员工离职后还能得到吗？……………………………107
用制度规定加班费统一标准，这样做合法吗？………………………109
分支机构欠薪，集团公司应承担责任吗？……………………………111
以"合作经营"之名欠薪，这样做违法吗？……………………………113
项目没成功，可以扣发职工工资补偿公司损失吗？…………………115
病假职工的工资可否抵作"代班费"？…………………………………117
春节加班，补休可否代替支付加班费？………………………………119

## 劳动保护与工伤保险权益

为保证出勤去亲戚家吃饭，途中出车祸属于工伤吗？………………123
出车期间疲劳驾驶发生事故，能被认定为工伤吗？…………………125
在外地项目工地受伤，劳动者如何申请工伤认定？…………………127

公司解散清算时"忘了"支付工伤待遇，谁该承担责任？·········129
用人单位可以隐瞒职工的职业健康检查结果吗？·············131

## 休息休假

以哺乳时间折抵年休假，这种做法违法吗？···············135
用人单位可以要求职工提前结束产假吗？················137
辞职就没有年休假吗？··························139
逾期未申请补休视为放弃，这样的规定合理吗？············141
每天迟来几小时，可以折抵年休假吗？·················144
签订解除劳动合同协议后，公司还有责任安排年休假吗？·······146
奖励旅游可以取代法定带薪年休假吗？·················148

# 劳动合同订立

劳动合同没盖公章,职工该怎么办?

约定发生争议不得申请仲裁,该约定合理吗?

用人单位承诺支付违约金,该承诺有效吗?

劳动合同顺延等于续签吗?

未完成工作任务导致合同终止,这样的约定有效吗?

未经人社部门批准,适用特殊工时制的约定有效吗?

满足条件才能签订合同,这样的约定违法吗?

劳动合同缺少必备条款,职工拒签后可以主张二倍工资吗?

在微信中约定工资有效吗?

辞职需要赔偿一个月工资,这样的约定有效吗?

约定好续签劳动合同,可以随意"过时不候"吗?

面对"空白劳动合同",劳动者可以拒签吗?

## 劳动合同没盖公章，职工该怎么办？

"盖章和总经理签字要经过多道审批流程的，如果每次新招聘一个人都像你这么'轴'，我们人力资源部还不忙死啦？再说，就算不盖公章，我们这么大个公司，还能翻脸不认账不成？"人力资源部的这个回复，让小林心里很没底。

前不久，小林找到一份工作，公司与他签订了一份劳动合同，劳动合同上约定的各项条款都让他很满意，但是当他签完字提交给公司后要求自己也留一份时，人力资源部却给了他一份仅有他自己签字，没有盖公章，也没有法定代表人签字的劳动合同。对此小林很不满，他担心这样的劳动合同难以维护自己的权益，去找人力资源部理论，要求公司盖章签字，却没能得到满意答复。于是，小林来到当地劳动保障监察机构咨询，公司是否有权不在劳动合同上签字盖章？将来如果和公司因履行劳动合同出现劳动争议，是不是自己就没证据了？

  劳动保障监察机构工作人员了解情况后告诉小林，《中华人民共和国劳动合同法》第十条规定，建立劳动关系，应当订立书面劳动合同；第十六条规定，劳动合同由用人单位与劳动者协商一致，并经用人单位与劳动者在劳动合同文本上签字或者盖章生效。在劳动合同上签字盖章，是用人单位的义务。否则，这样的劳动合同会因为违反法律强制性规定被认定为无效。因此，劳动者可以通过向劳动保障监察机构投诉，用劳动保障监察执法的方式责令改正。当然，即使劳动合同没有盖章，将来发生劳动争议时，劳动者也可以通过劳动合同实际履行中的一些证据，如工资单、考勤表、社会保险费缴纳凭证等来证明劳动关系，维护自己的权益，但是这样的举证肯定比不上一份有效的劳动合同来得方便。因此，还是应该坚持要求用人单位在劳动合同上签字或盖章。而且，对于用人单位来说，劳动合同是与劳动者之间的契约，是助力管理的工具，不盖章对用人单位自身也构成了隐患。

  最终，通过劳动保障监察机构工作人员向公司解释法律规定和风险后果，公司意识到了自己的错误，为小林出具了盖章后的劳动合同，并承诺今后都将依法订立劳动合同。

**约定发生争议不得申请仲裁，该约定合理吗？**

"请问，是不是有这个约定在先，即使我告了公司，也赢不了官司？"这天，某地劳动争议仲裁委员会立案窗口工作人员接待了一位劳动者肖某。他拿着劳动合同前来，想知道自己是否还有权提起劳动争议仲裁申请。

原来，肖某一年前入职某贸易公司担任业务员，公司提供给他的劳动合同文本中有这样一条："双方履行劳动合同过程中发生的一切纠纷，应以协商方式解决，不得申请仲裁或起诉。"当时肖某并不大理解这一条款的法律意义，也没怎么理会就签了字。最近他想辞职，公司却提出，要走可以，但要扣掉他即将发放的上月工资，为此他与公司发生了争议，双方始终谈不拢。肖某一怒之下，对公司负责人喊出"再不给钱我就去告你"。公司负责人却拿出了劳动合同，指着上述条款告诉他，双方有约在先，他如果去申请仲裁或提起诉讼，就是违约，对违约的诉求，法律是不会支持的。肖某这才发现公司给自己挖了一个"坑"，但他又实在咽不下这口气，于是来到仲裁委员会咨询。

了解情况后，劳动争议仲裁委员会工作人员告诉肖某，公司负责人的说法是错误的。《中华人民共和国劳动争议调解仲裁法》第四条规定，发生劳动争议，劳动者可以与用人单位协商，也可以请工会或者第三方共同与用人单位协商，达成和解协议。该法第五条规定，发生劳动争议，当事人不愿协商、协商不成或者达成和解协议后不履行的，可以向调解组织申请调解；不愿调解、调解不成或者达成调解协议后不履行的，可以向劳动争议仲裁委员会申请仲裁；对仲裁裁决不服的，除该法另有规定的情形外，可以向人民法院提起诉讼。由此可见，发生劳动争议后，劳动者可以与用人单位协商，也可以申请调解或申请仲裁，对仲裁裁决不服的，还可以依法提起诉讼。这些都是法律赋予劳动者寻求司法救济的权利，任何组织和个人不得剥夺。

同时，《中华人民共和国劳动合同法》第二十六条规定，下列劳动合同无效或者部分无效：（1）用人单位免除自己的法定责任、排除劳动者权利的；（2）违反法律、行政法规强制性规定的。由于肖某和用人单位签订的劳动合同中关于"发生争议不得申请仲裁或起诉"的约定违反了《中华人民共和国劳动争议调解仲裁法》的强制性规定，并排除了肖某的权利，相关条款对他没有法律约束力。

听了这一番解释，肖某终于放下了心上的一块大石头。他申请了劳动争议仲裁，顺利拿到了自己应得的工资。

## 用人单位承诺支付违约金，该承诺有效吗？

"您说说看，法律没规定这项违约金，我们为啥要给？"某公司人力资源部孙经理对主持调解的劳动争议仲裁委员会工作人员说。项目运行不理想，本来就让这家公司很郁闷，现在还被要求支付违约金，让他们更加恼火。

两年前，这家公司的一个项目上马，好不容易招到了专业对口的李先生。公司在李先生入职时，除了劳动合同外，还与他签订了服务期协议，约定在李先生入职后，公司送他出国接受专业技术培训，但李先生要为公司服务5年，否则要支付违约金。当时，李先生对于违约金条款有些反感。为了表示诚意，公司专门在协议中加了一条，承诺非因李先生的原因导致服务期协议解除，公司也将支付一笔违约金。李先生这才签了字。

李先生入职之后，由于经营出现困难，公司并没有依约送他出国。不久前，李先生从事的项目不再符合市场需求，公司与他协商解除劳动合同。李先生提出，

7

公司除了要支付经济补偿外，还要支付没有依约送他出国培训以及解除服务期协议的违约金。公司却认为法律并没有规定解除服务期协议用人单位要支付违约金，之前协议里的那个条款是无效的。双方因此发生争议。李先生申请了劳动争议仲裁。鉴于双方都有调解意愿，劳动争议仲裁委员会工作人员把他们请到了一起，代表公司前来的孙经理在劳动争议仲裁委员会工作人员面前仍然一肚子委屈。

了解事情原委后，劳动争议仲裁委员会工作人员告诉孙经理，并不是法律没有规定的就一定是无效的。

《中华人民共和国劳动合同法》第二十二条规定，用人单位为劳动者提供专项培训费用，对其进行专业技术培训的，可以与该劳动者订立协议，约定服务期。劳动者违反服务期约定的，应当按照约定向用人单位支付违约金。由此可见，法律对劳动者违反服务期约定应如何支付违约金有明确的规定，但并未规定用人单位如违反服务期约定应如何担责，也未提及不允许用人单位支付违约金。基于劳动关系中用人单位的强势地位及法无禁止即自由的原则，如双方在服务期约定中明确了用人单位违约的具体赔偿方式，应视为双方是在平等自愿、协商一致的基础上达成的约定，其没有违反法律的强制性规定，对双方具有约束力。公司没能送李先生出国培训，还因项目运营不理想要与李先生解除劳动合同及服务期协议，构成非因劳动者原因解除服务期协议，公司应当依约支付违约金。

经过劳动争议仲裁委员会工作人员的解释，公司解开了心结，李先生考虑到公司的不容易，也愿意对金额作出让步，双方很快达成了调解协议。

## 劳动合同顺延等于续签吗？

"我只是同意不续签，但同时也表达了希望将劳动合同期限顺延至病假期满呀，公司怎么能说终止就终止呢？""同意不续签就是同意不顺延，这是一回事！你自己书面同意的，现在怎么还说公司终止劳动合同是错的？！"听了人力资源部高经理对续签和顺延的定义，小郭也有些迷糊了，难道真是自己表达错误导致劳动合同被终止吗？

小郭是这家公司的职工。在劳动合同还有 10 天到期时，小郭突发疾病，医院为他开具了全休 1 个月的病假单。根据工龄，小郭应当享有 3 个月的医疗期，因此他按照公司的请假流程提交了相关材料，申请休假。小郭当时的想法是，自己与公司的劳动合同顺延至这 1 个月病假结束后终止，因为他也不想继续在这里干了。所以当高经理代表公司给他发来一份征询续签劳动合同意向的电子表格时，他在"同意不续签"一栏打了钩，但同时他也致电高经理，表达了自己希望将劳动合

同顺延至病假结束的意愿，高经理答应会请示高层后，便没有了下文。小郭本以为公司会同意自己的要求，不料还在家休息期间就收到了公司终止劳动合同的通知。

疑惑的小郭拖着虚弱的身体来到公司质问高经理，却得到了高经理关于续签劳动合同与顺延是一回事的解释。小郭不同意公司的主张，但也不知道如何反驳，于是来到当地劳动保障监察机构询问，自己同意不续签，难道就不能顺延当期合同吗？

劳动保障监察机构工作人员了解情况后告诉他，他的疑惑是有道理的，续签的确不等同于顺延，公司对此的解释是错误的。

随后，劳动保障监察机构工作人员上门执法，告诉公司他们的错误所在：劳动合同顺延是指劳动合同期满时，由于法定顺延事由的出现，导致劳动合同不能终止，需要依法顺延至法定事由消失后，才可以终止；续签是当期劳动合同终止后，重新签订一份劳动合同。因此，小郭同意不续签，与其要求顺延劳动合同的主张并不相悖。《中华人民共和国劳动合同法》第四十二条第三项规定，劳动者患病或者非因工负伤，在规定医疗期内的，用人单位不得依照该法第四十条、第四十一条的规定解除劳动合同。该法第四十五条规定，劳动合同期满，有该法第四十二条规定情形之一的，劳动合同应当续延至相应的情形消失时终止。小郭患病需要休息，且按照公司规定履行了相应的请假手续，因此其处于医疗期内，公司没有将劳动合同顺延而直接终止，显然是违法的。

听了劳动保障监察机构工作人员的释法，公司意识到了自己的错误，在承诺向小郭支付相应的赔偿之后，得到了小郭的谅解。

**未完成工作任务导致合同终止，这样的约定有效吗？**

"如果当时知道这份合同中的这个条款违法，我是肯定不会签的。"听了劳动保障监察机构工作人员的解释后，小王终于知道自己的权益是如何受到侵害的。

小王在一年半前入职某服饰公司担任销售员。由于小王有丰富的销售经验，公司承诺不再约定试用期，也不设定合同期限，但是要求小王要接受严格的定期业绩考核。小王拿到公司提供的劳动合同一看，所谓"严格的定期业绩考核"是指合同中的一则约定：公司对小王设定月度销售业绩，每月末考核一次，若当月考核不达标，则双方劳动合同自动终止，且公司可以不予支付经济补偿。当时，小王对自己的能力很自信，没有多想就在这份合同上签了字。

最近几个月，受季节因素影响，小王的销售业绩不太理想，尤其是上个月，小王没能达到月度业绩要求。于是，公司以劳动合同有约定为由，与他终止了劳动合

同。小王请求公司不要这么无情，再给他几个月的时间，自己一定会迅速改进，公司却坚决拒绝了。小王这才觉得有些不对劲，于是来到当地劳动保障监察机构，询问劳动合同中的这个约定和公司终止劳动合同的做法是否合法合理。

　　了解合同内容后，劳动保障监察机构工作人员告诉小王，他的疑惑是有道理的，劳动合同和公司的做法的确有问题。《中华人民共和国劳动合同法实施条例》第十三条规定，用人单位与劳动者不得在《中华人民共和国劳动合同法》第四十四条规定的劳动合同终止情形之外约定其他的劳动合同终止条件。而《中华人民共和国劳动合同法》第四十四条规定的劳动合同终止情形中并不包括劳动者考核不达标这一项。而且，双方签订的劳动合同是没有约定具体终止期限的无固定期限劳动合同，因此，公司所谓的终止，实际上是解除，即以小王考核不达标为由解除劳动合同。但《中华人民共和国劳动合同法》第四十条规定，劳动者不能胜任工作，经过培训或者调整工作岗位，仍不能胜任工作的，用人单位提前30日以书面形式通知劳动者本人或者额外支付劳动者1个月工资后，才可以解除劳动合同。因此，即使小王当月业绩考核不达标可以视为不胜任工作，公司也必须对他进行培训或调整工作岗位，如还不胜任，才能在支付1个月工资和经济补偿后解除劳动合同。而小王所在公司在小王考核不达标时直接解除劳动合同，也没有支付任何补偿的做法，属于违法解除，小王可以要求公司支付违法解除劳动合同的赔偿金。

　　最终，经过劳动保障监察机构工作人员的执法，小王得到了自己应得的赔偿金。

## 未经人社部门批准，适用特殊工时制的约定有效吗？

"公司领导说，合同约定了实行不定时工作制，就不能反悔。我该怎么办呀？"这天，某地劳动保障监察机构接待了一位劳动者杨某。他一进门，就倒出了自己的一肚子"苦水"。

杨某半年前入职一家制造公司，担任操作工。入职时，他看到公司提供的劳动合同上写明，他所在岗位实行不定时工作制。当时，杨某不大明白什么是不定时工作制，公司管理人员告诉他，这是表示他的岗位经常要加班，但是相应的待遇也会很高。杨某没有想太多，就在合同上签了字。

渐渐地他发现，公司借不定时工作制之名，经常在订单多的时候要求他加班加点，可事后既不安排补休也不支付加班费。杨某上网一查才发现，实施不定时工作制是需要经过人社部门审批的。为此，他质问公司自己的岗位实行不定时工作制有没有经过人社部门审批，可公司的答复是"你管不着"，公司还告诉他，双方合同中已经约定了实行不定时工作制，无论有无审批，他都无权反悔。与公司说不通，杨某只能来到当地劳动保障监察机构寻求帮助。

劳动保障监察机构工作人员告诉他，他对公司的质疑是正确的，国家对实行不定时工作制这样的特殊工时制有着严格的适用主体和适用程序要求。不定时工作制是指每一工作日没有固定的上下班时间限制的工作时间制度，但用人单位应采用弹性工作时间等适当的方式，保障职工的休息休假权利。《关于企业实行不定时工作制和综合计算工时工作制的审批办法》第四条规定，企业对符合下列条件之一的职工，报人社部门审批后，可以实行不定时工作制：企业中的高级管理人员、外勤人员、推销人员、部分值班人员和其他因工作无法按标准工作时间衡量的职工；企业中的长途运输人员、出租汽车司机和铁路、港口、仓库的部分装卸人员以及因工作性质特殊，需机动作业的职工；其他因生产特点、工作特殊需要或职责范围的关系，适合实行不定时工作制的职工。杨某只是普通的操作工，所在岗位并没有上述特殊岗位的特征，公司也拿不出经过审批的证据，因此不能仅因合同约定，就以实行不定时工作制为名克扣加班费。

劳动保障监察机构工作人员随即对该公司上门执法，发现该公司实行不定时工作制的确未经审批。最终，经过行政处理，该公司按照标准工时制支付了杨某应得的加班费。

**满足条件才能签订合同，这样的约定违法吗？**

满足不了条件，就签不了劳动合同，可以随时被公司"炒鱿鱼"，这样的约定究竟合不合理？小杨实在想不通。

半年前，小杨通过面试，被自己心仪的一家公司录用了，公司与他约定的岗位是销售员。但是，在上岗前，公司人力资源部经理却告诉他："我们公司不整什么试用期这种虚头巴脑的东西，你入职之后，工资待遇和正式职工一样。但是，只有你在半年之内销售量达到你们部门的平均水平时，公司才会和你签订劳动合同，否则就只能请你走人了！"这种"不走寻常路"的用工方式让小杨有些疑惑，但他又觉得工资待遇视同转正人员对自己来说很划算，而且自己只要努力，满足公司提出的附加条件肯定不是问题。

没想到，小杨虽然很勤奋，但半年来，他一直没有达到要求，月销售量在部门始终垫底。于是，最近，他接到了人力资源部的口头通知，让他第二天就收拾东西走人。小杨向公司提出希望能够给自己一些补偿，也被公司以双方没有签订劳动合同、他不是公司职工为由拒绝。小杨这才发现，当初入职时公司提出的用工方式给自己挖了一个"坑"。他觉得公司的做法不对，可又不知道该怎么维护自己的权益，于是来到当地劳动保障监察机构寻求帮助。

了解小杨的情况后，劳动保障监察机构工作人员告诉他，公司的做法是违法的。首先，签订劳动合同的唯一条件就是双方建立劳动关系。《中华人民共和国劳动合同法》第十条规定，建立劳动关系，应当订立书面劳动合同。已建立劳动关系，未同时订立书面劳动合同的，应当自用工之日起一个月内订立书面劳动合同。公司已与小杨建立劳动关系，却将业绩达到某一水平作为签订劳动合同的条件，严重违法，公司应当支付未签订劳动合同的第二倍工资。此外，公司以小杨的业绩没有达到部门平均水平为由解除劳动合同且不支付补偿也是违法的。公司与小杨没有约定试用期，虽然小杨的业绩水平没有达到对应要求，公司也不能以小杨"不符合录用条件"为由无补偿解除劳动合同；公司也没有相关规章制度规定小杨的情况属于"不胜任工作"，即使他属于"不胜任工作"，也应当在培训或调岗后仍体现为"不胜任工作"时，才能与他解除劳动合同，否则属于违法解除劳动合同，应当支付赔偿金。

经过劳动保障监察机构工作人员上门执法，小杨得到了未签订劳动合同的第二倍工资和赔偿金，公司为自己的任性用工付出了代价。

## 劳动合同缺少必备条款,职工拒签后可以主张二倍工资吗?

"虽然拒签的是我,但也是因为公司没有在劳动合同中写清那些最重要的条款,我当然不敢签,难道因为这样,我就不能主张二倍工资了吗?"来到劳动保障监察机构的小田对工作人员提出了自己的疑虑。

半年前,小田入职这家公司,当时他与公司已经提前口头约定了具体的岗位、薪酬待遇、社会保险等,但要签劳动合同时,小田却发现公司提供的合同文本中根本没有写明双方约定的这些内容。他对此不满,要求公司补齐条款后自己再签字。当时,公司人力资源部经理告诉他:"这是格式文本,全公司都这么签的。你说的那些条件领导都答应你了,我们不会反悔的。"但小田不为所动,坚持要公司修改文本。人力资源部经理只能把劳动合同拿走,承诺他正式入职后一定尽快和他签规范的合同。

一转眼,小田工作半年了,仍没有拿到修改后的合同,每次去问,人力资源部

经理都支支吾吾，用"尽快"来敷衍他。问了几次后，小田居然等来了一份终止劳动关系的通知，理由是小田不服从管理。莫名其妙背上这样一口"锅"，小田很不甘心，他要求公司支付未签劳动合同的第二倍工资和终止劳动关系的经济补偿。人力资源部经理则提出，公司在小田一入职就要求他签劳动合同，是他自己拒绝的，公司是因他拒签劳动合同才终止劳动关系的，这种情况下公司既不用支付第二倍工资也不用支付经济补偿。小田对公司的这个回答既生气又充满困惑，于是来到劳动保障监察机构寻求帮助。

劳动保障监察机构工作人员告诉小田，一方面，与劳动者依法签订要素齐全的书面劳动合同，是用人单位的法定义务。《中华人民共和国劳动合同法》第十七条规定了劳动合同应当具备的条款，这是为了维护劳动关系双方的权益。如果其中的条款有缺失，就会埋下争议隐患，因此，法律支持劳动者要求用人单位提供合法合规的合同文本，用人单位不提供的，劳动者可以拒签。因此带来的一切不利后果，都应由用人单位承担。另一方面，劳动者无论以何种理由拒绝签订劳动合同，公司都应当及时依据法律规定终止劳动关系，满足一定条件的应支付第二倍工资和经济补偿。《中华人民共和国劳动合同法实施条例》第六条规定，用人单位自用工之日起超过一个月不满一年未与劳动者订立书面劳动合同的，应当依照劳动合同法第八十二条的规定向劳动者每月支付两倍的工资，并与劳动者补订书面劳动合同；劳动者不与用人单位订立书面劳动合同的，用人单位应当书面通知劳动者终止劳动关系，并依照劳动合同法第四十七条的规定支付经济补偿。本案中，公司在用工半年后才终止劳动关系，不仅要支付第二倍工资，还要支付经济补偿。

经过劳动保障监察机构工作人员上门执法，公司认识到了自己的错误，小田拿到了自己应得的补偿。

## 在微信中约定工资有效吗？

"明明谈好的工资数额，咱们俩在微信里也确认了，怎么现在又不算数了呢？"周先生和人力资源部常经理吵了起来。

一年前，周先生入职这家科技公司担任工程师，负责一个重要项目。在签订劳动合同前，双方谈好了具体月薪，但在拿到要签字的劳动合同文本时，周先生却发现这是一份制式合同，上面未标明具体工资数额。常经理告诉他："出于薪酬保密的需要，我们和重要岗位职工的劳动合同都是不写明具体工资数额的，我会在微信中发给你确认。"周先生对公司的这项规定表示理解。随后，双方在微信中确认了约好的工资数额，劳动合同也很快签订了。

但入职之后周先生发现，公司并没有完全按照微信中的约定发放工资，每月都要少发好几千元，有时还少发了近1万元。他去人力资源部询问了几次，常经理总是用各种理由敷衍他。周先生越来越觉得不对劲，在再次要求公司补发工资无果

后，以公司拖欠工资为由提出辞职，并提起劳动争议仲裁，要求公司补足工资差额，并支付解除劳动合同的经济补偿。

在劳动争议仲裁处理中，周先生提供了微信记录与自己的工资条，证明双方约定的工资数额与实际发放数额不符。公司却提出，微信中的约定不作数，应以劳动合同约定为准；双方劳动合同中既然没有约定具体标准，就应以实际支付的工资数额为准。

最终，劳动争议仲裁委员会并没有采信公司的说法，而是支持了周先生的请求。劳动争议仲裁委员会认为，微信约定的工资具备法律效力。《劳动人事争议仲裁办案规则》第十八条规定，争议处理中涉及证据形式、证据提交、证据交换、证据质证、证据认定等事项，本规则未规定的，可以参照民事诉讼证据规则的有关规定执行。最高人民法院《关于民事诉讼证据的若干规定》第十四条明确规定，手机短信、电子邮件、即时通信、通讯群组等网络应用服务的通信信息等，均属于电子数据；第九十四条规定，在正常业务活动中形成的电子数据，可以确认其真实性，但有足以反驳的相反证据的除外。由于公司未能提供证据证明周先生微信证据的虚假性，双方微信约定工资数额具备法律效力。公司未按微信内容支付工资，擅自变更工资支付标准，构成拖欠工资，周先生要求支付工资差额与解除劳动合同的经济补偿，应予支持。

## 辞职需要赔偿一个月工资，这样的约定有效吗？

"我又没给培训机构造成什么损失，谈什么赔偿？而且我已经提前一个月告诉你们我要走了，也相当于给了你们找人替我的时间，你们凭什么还扣我的工资？""就凭你签了这份合同！劳动合同是受法律保护的，是你违约在先，就该按约赔偿！"李某没想到当初签下的这份合同，居然让她无法顺利从这家艺术培训机构"脱身"。

李某是这家艺术培训机构的全职国画培训教师。由于培训教师不好招，一年前李某入职时，培训机构与她签订的劳动合同约定，双方合同期限为3年，如果她提前离职，必须向培训机构赔偿相当于1个月工资的赔偿金，以补偿培训机构招人顶替她的成本。当时培训机构给的薪酬不错，李某觉得自己3年内不会离职，便没有考虑太多就签下了这份合同。

一年来，李某因为教学水平不错，名气逐渐传开，不时有其他培训机构向她伸出橄榄枝，而她现在所在的培训机构却一

直拒绝为她涨薪，这让李某最终决定离开。于是，她提前1个月向培训机构提交了书面解除劳动合同通知。但培训机构却以有约在先为由，要她支付相当于1个月工资的金额作为赔偿，否则就扣发她最近1个月的工资。双方争执不休，李某也很郁闷。她来到当地劳动保障监察机构，想知道培训机构的说法是否正确，自己明明没给培训机构造成什么损失，为什么还要赔偿？

了解事情的来龙去脉后，劳动保障监察机构工作人员的解释给她吃下了定心丸。劳动保障监察机构工作人员告诉她，《中华人民共和国劳动合同法》第三十七条规定，劳动者提前30日以书面形式通知用人单位，可以解除劳动合同。因此，李某提前1个月通知培训机构自己要离职，是合法的。第九十条规定，劳动者违反该法规定解除劳动合同，或者违反劳动合同中约定的保密义务或者竞业限制，给用人单位造成损失的，应当承担赔偿责任。其中并没有提到劳动者辞职必须向用人单位支付1个月工资作为"代通知金"。因此，双方关于劳动者辞职需向培训机构赔偿1个月工资的约定并不合法。第二十六条规定，违反法律、行政法规强制性规定的劳动合同无效。因此，培训机构的这一约定从一开始便没有法律效力。总之，李某在没有给培训机构造成任何实际损失的情形下已经履行了提前告知的义务，她可以离开，培训机构无权主张赔偿或扣发她的工资。

经过劳动保障监察机构工作人员上门执法，李某从培训公司办理了离职手续，拿到了自己应得的工资，顺利离开。

## 约定好续签劳动合同，可以随意"过时不候"吗？

"小杨，下周三是你的劳动合同到期之日，那天公司将与你正式续签劳动合同，可别忘了，否则到时候劳动合同终止了可没有经济补偿哦。""好的，刘经理，我一定准时到！"

小杨是这家公司市场部的一名职工，双方的3年期劳动合同即将到期。早在一个月前，人力资源部刘经理就代表公司与他协商续签劳动合同的事宜，并告诉他续签的劳动合同里他的工资水平会提升，询问他的续签意向。有这样的好事，小杨当然非常愿意，表示自己同意续签。刘经理便告诉他，等公司确定续签日期后将会正式通知他。这天下班时，听到刘经理带来的续签劳动合同的正式通知，小杨非常高兴地答应了下来。

不曾想，就在接下来的这个周末，小杨外出时摔伤了，得住院治疗，于是他赶紧通过网络平台提交了病假申请。10天之后，小杨挂着拐杖来到公司，希望能补签劳动合同，刘经理却告诉他，由于他未

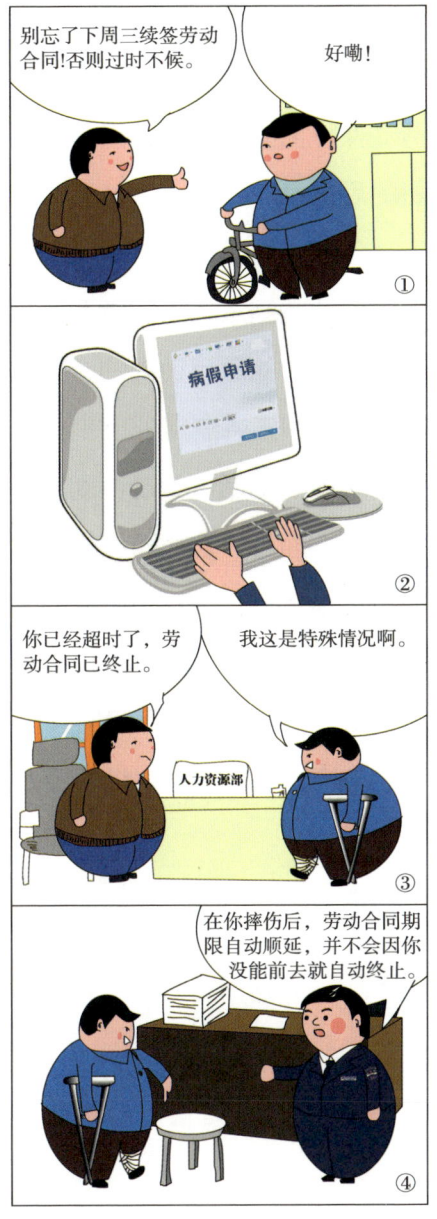

按照约定的时间前来续签，劳动合同已终止，而且终止并非公司造成，公司也不会支付经济补偿。

小杨非常吃惊，恳求刘经理网开一面，表示自己确实是因伤来不了，希望公司体谅自己。刘经理却坚持说公司为了避免造成用工未签劳动合同要支付二倍工资的情形，对续签都是"过时不候"的。小杨无奈之下，来到当地劳动保障监察机构，询问自己这种情况是否真的造成了劳动合同终止无法续签的后果。

工作人员了解小杨的情况后告诉他，公司的说法是错误的。《中华人民共和国劳动合同法》第四十五条规定，劳动合同期满，劳动者患病或者非因工负伤在规定的医疗期内的，劳动合同应当续延至相应的情形消失时终止。根据《企业职工患病或非因工负伤医疗期规定》，小杨至少有3个月的医疗期，因此在他摔伤后，劳动合同期限自动顺延，并不会因他没能前去续签就自动终止了。而且，公司与小杨已达成续签劳动合同的意向，任何一方无合理理由都不得反悔，小杨没能按时到场续签是因为摔伤，这是意外导致，并不是他的过错，公司也不能因此就违背承诺拒绝补签。

最终，经过劳动保障监察机构工作人员释法说理，公司了解了法律规定。在小杨伤情稳定后，刘经理代表公司与他按照约定的条件续签了劳动合同。

## 面对"空白劳动合同",劳动者可以拒签吗?

"我想知道,这样一份啥都没有的劳动合同,我能签吗?"这天,某地劳动保障监察机构工作人员接待了一位年轻人小林。他向工作人员展示了公司让他签字的一份劳动合同,并提出了自己的疑虑。

小林最近刚找到一份工作。他听人说入职后签订劳动合同很重要,于是几次向公司提出尽快签订书面劳动合同。公司终于答应了,但是却拿出一份奇怪的合同,里面的正文部分留了许多空白,尤其是劳动合同期限、工作岗位、工作地点、劳动报酬标准等条目都空着。小林质疑公司人力资源部的行为，自己入职前这些条款明明都是谈好的，为什么不在合同文本上写明呢？公司人力资源部回复他说，那些都不重要，公司会按照双方谈好的条件履行，只要双方在这份劳动合同上签字盖章，他的权益就有保障了。但小林并不完全相信这个回复。他以还有其他入职文件需要签字，等一起签完后再统一上交为由，把这份合同留了下来，并找到了劳动保障监察机构，咨询公司的回复是否合理。

了解缘由后，劳动保障监察机构工作人员告诉他，他的质疑有道理，这种缺乏劳动合同必备条款和双方具体权利义务的"空白劳动合同"不应该签。《中华人民共和国劳动合同法》第十七条规定，劳动合同应当具备用人单位有关信息、劳动者有关信息、劳动合同期限、工作内容和工作地点、工作时间和休息休假、劳动报酬、社会保险等条款。这是法律对劳动合同内容的强制性规定。实践中，一些不诚信的用人单位要求劳动者签订格式化劳动合同或关键条款为空白的劳动合同，且只签订一份，在劳动者签字后收回，这不仅剥夺了劳动者对合同重要内容的知情权、选择权，更为日后发生劳动争议时，用人单位随意造假留下可乘之机。因此，劳动者入职签订劳动合同时，一定要坚持行使平等协商权、知情权、重要内容决定权，并保留一份劳动合同原件，以便发生争议时有据可依。

工作人员还告诉小林，《中华人民共和国劳动合同法》第八十一条规定，用人单位提供的劳动合同文本未载明劳动合同必备条款的，由人社部门责令改正；给劳动者造成损害的，用人单位应当承担赔偿责任。因此，如果用人单位要求劳动者签订空白劳动合同，劳动者可以以该合同无法定必备条款为由拒绝签订，并通过投诉举报的方式维权。

有了劳动保障监察机构"撑腰",小林硬气了许多。他回到公司,将法律规定原原本本地向人力资源部工作人员解释了一番,提醒他们不要为了省事给公司带来隐患。最终,公司依照小林的要求,提供了有明细条款的劳动合同,小林终于得以顺利签订劳动合同。

# 劳动合同履行与变更

转正后调整岗位还能再"试用"吗?

职务作品可以挪作他用吗?

一天只能上两次厕所,这样的制度合理吗?

已选择订立固定期限合同,之后还能变更吗?

公司"分家",职工工作年限计算会中断吗?

公司被收购,需要与员工重签劳动合同吗?

企业使用职工身份信息注册账号,职工可以要求注销吗?

年会中奖,公司可以不兑现吗?

明明到了"岗",为何成"旷工"?

没有书面变更通知,就是"空口无凭"吗?

从早忙到晚却成"非全日制用工",如此偷换概念违法吗?

工资总额不变但结构调整,属于变更劳动合同吗?

为完成业绩而违规,也应减发工资吗?

没完成指标要求,属于严重违纪吗?

要享受医疗期,须履行请假义务吗?

没去用人单位指定医院复查,请病假该被拒绝吗?

## 转正后调整岗位还能再"试用"吗?

"我这都过了试用期了,怎么又来个试用期?""公司器重你,让你去这么重要的岗位,你也得理解公司,接受一下'考验',不就几个月嘛,委屈不了你多久!"对于人力资源部刘经理的回答,黄某觉得很不是滋味。

一年前,黄某入职这家科技公司的市场部,双方签订了3年期劳动合同,并约定了6个月试用期。黄某试用期满后不久,公司又通知他,由于他的表现不错,公司拟将他调到研发部,负责更重要的工作;但由于他之前没有接触过研发工作,公司将再与他约定3个月的试用期,试用期间的待遇和管理与研发部新职工相同。这让黄某有些不满，自己明明已经转正了，怎么又变成试用期新职工了？他找人力资源部理论，人力资源部刘经理却告诉他，这是公司对他的"考验"，要他配合。黄某对刘经理的回答不满，于是来到当地劳动保障监察机构咨询。

劳动保障监察机构工作人员告诉他，用人单位与他约定第二次试用期，并对他按照试用期人员标准进行管理、待遇支付，是违法的。试用期是用人单位对新录用劳动者的职业技能、职业道德等情况进行考察的时间期限。《中华人民共和国劳动合同法》第三十九条规定，在试用期内，劳动者不符合录用条件的，用人单位可以与劳动者解除劳动合同，且不用支付经济补偿。为保障劳动者权益，防止用人单位滥用试用期规定，法律对不同期限劳动合同的试用期长短均有明确规定，而且《中华人民共和国劳动合同法》第十九条规定，同一用人单位与同一劳动者只能约定一次试用期。黄某的试用期已满且已顺利转正，公司无权要求二次"试用"。他进入新岗位后，在待遇上应当享受同工同酬；在管理上，即使他出现不胜任的问题，也不能适用《中华人民共和国劳动合同法》第三十九条，以在试用期为由直接解除劳动合同，而应该适用《中华人民共和国劳动合同法》第四十条，先培训或者调整工作岗位，如果还不胜任，才可解除劳动合同。

后来，劳动保障监察机构工作人员上门对黄某所在公司进行了释法，建议他们通过加强考核和团队管理的方式来激励职工胜任新工作，而不是滥用试用期"考验"职工。公司意识到了自己的错误，承诺一定改正。

## 职务作品可以挪作他用吗？

"这个短视频虽然当初是为单位拍摄的，但是最后单位也没用上，我怎么就不能自己放在别的平台上播放呢？凭什么就算我违纪了？"最近，某地劳动保障监察机构接待了一位愤愤不平的劳动者杨某。他说，自己因为把公司用不上的视频素材给了别的机构，被公司发现后记了一次违纪，并减了他的月度绩效分数。

杨某在一家网络科技公司工作，负责视频拍摄等工作。不久前，他根据公司安排，拍摄制作了一组关于各地风景名胜的短视频作品，但最终公司只在所属平台上播放了其中的一部分。最近，一家外部视频工作室邀请杨某为其拍摄视频，由于这个项目的主题和之前杨某为公司拍摄的短视频作品接近，杨某就将公司没用上的作品剪辑之后交给了工作室。网络科技公司很快在别的平台上看到了这组视频作品，并认出了是之前安排杨某制作的那一批。于是，公司根据规章制度，以杨某未经公司允许私自将职务作品挪作他用为由，认

定他侵害公司权益，属于违纪行为，扣减了他的绩效分数，并要求他与相关平台联系下架这部分作品。这让杨某十分不解，于是来到劳动保障监察机构，询问公司的做法是否合理。

　　了解相关情况后，劳动保障监察机构工作人员告诉他，他对职务作品的所有权理解有误。《中华人民共和国著作权法》第三条规定，该法所称的作品，是指文学、艺术和科学领域内具有独创性并能以一定形式表现的智力成果，也包括视听作品。该法第十八条规定，自然人为完成法人或者非法人组织工作任务所创作的作品是职务作品，除本条第二款的规定以外，著作权由作者享有，但法人或者非法人组织有权在其业务范围内优先使用。作品完成两年内，未经单位同意，作者不得许可第三人以与单位使用的相同方式使用该作品。杨某的短视频作品是在公司安排下制作的，属于职务作品，公司暂时不上架使用，也不代表其放弃了对作品的使用权，至少在两年之内，杨某不能未经允许挪作他用。因此，杨某自行编辑公司暂时没有使用的短视频作品并交给外部工作室，在其他平台上播放，属于侵权行为，公司以此为由认定他违纪，是合理合法的。

　　了解了法律规定，杨某这才知道，虽然作品出自自己之手，但性质却和个人自由创作不一样，自己随意处置是不妥当的。

## 一天只能上两次厕所，这样的制度合理吗？

"规章制度都发给你了，自己不看，还怪公司？""我怎么能想到还有这样的制度？就算有这样的制度，也太不人性化了，凭什么要我遵守？"某超市人力资源部经理秦某没想到，刚入职不久的新职工林某敢跟自己叫板，还敢质疑公司制度的权威。

林某是超市不久前刚招聘的一名理货员。她入职后，秦经理交给她一本规章制度汇编，要她好好学习。由于工作太忙，林某只翻了几页就放在一边了。刚上岗没几天，林某因为早餐吃坏了肚子，在上午工作时去了三次厕所，结果第三次刚回来，就被前来抽检职工在岗情况的秦经理看见了。得知林某上了好几次厕所后，秦经理立刻提出，她的行为属于严重违反规章制度，让她下午去人力资源部"办手续"走人。这个处罚让林某蒙了，她拉着秦经理要求给个说法，秦经理却让她自己去翻规章制度。林某仔细研读了规章制度，才发现里面

35

有这样一个条款，要求职工一个工作日内只能上两次厕所，而且每次必须在职工卫生间门口的登记本上登记，否则视为严重违反规章制度。

林某不服气，当天下午就来到秦经理办公室，提出公司的制度不合理，自己上厕所并没有影响工作，就算不知道这项制度，也没有理由被解聘。但她的据理力争并没有用，秦经理坚持解除了劳动合同。

林某决心为自己讨个说法，于是来到当地劳动保障监察机构询问，公司这样的制度和处理方式是否合理。了解前因后果后，劳动保障监察机构工作人员告诉她，她对公司制度的质疑是合法合理的。上厕所属于自然的生理活动，一天上几次厕所，什么时间上厕所，个人不能完全掌控。因此，公司硬性规定每天上厕所次数，且要求每次上厕所都要报备登记，侵犯了劳动者的基本人权。这样的制度违反了法律强制性规定，也违反了社会公序良俗，是无效的。当然，如果公司有证据证明职工借上厕所之名逃避工作、磨洋工，或因为上厕所没有做好交接、严重影响了岗位工作，那自然可以认定职工没有提供正常劳动，再进行处理也就合理合法。公司没有对林某上厕所是否影响工作进行调查，仅凭她多上了几次厕所就解除劳动合同，是违法行为，应当支付赔偿金。

最终，经过劳动保障监察机构工作人员执法，林某拿到了公司的赔偿金。

## 已选择订立固定期限合同，之后还能变更吗？

"不是说符合条件后，职工可以要求订立无固定期限劳动合同吗？为什么单位还能拒绝我？他们是不是违法了？"这天，某地劳动保障监察机构接待了一位劳动者小李。他对用人单位拒绝变更劳动合同期限的做法十分不满。

小李在四年前入职这家公司担任设计师，双方已经连续订立了两次固定期限劳动合同，五个月前，双方的第二次劳动合同到期。公司通知小李，他可以选择订立一份两年期劳动合同，也可以选择与公司订立无固定期限劳动合同。当时，小李萌生了去外部寻找新的工作机会的想法，他觉得如果和公司订立无固定期限劳动合同就是和公司"绑定"了，于是选择订立两年期劳动合同。但是，几个月来，小李发现外部的好机会并不多，反而公司的业务发展前景越来越好，而且有朋友告知他，无固定期限劳动合同是对劳动者一方有利的合同，有了这份合同，公司不敢轻易"炒鱿鱼"。这些都让小李对当初的选择有了悔意。朋友还告诉他，当劳动关系双方连续两次订立劳动合同后，劳动者是可以要求订立无固定期限劳动合同的，用人单位不能拒绝。于是小李认为，自己有权要求将现在的合同变更为无固定期限劳动合同。但是，当他向公司提出后，却被拒绝。小李很不服气，便来到当地劳动保障监察机构咨询。

　　了解了小李的劳动合同订立情况后，劳动保障监察机构工作人员告诉他，他对劳动者签订无固定期限劳动合同的选择权理解有误。无固定期限劳动合同既不是把劳动者绑定在用人单位的工具，也不是让用人单位不敢解聘的"铁饭碗"，它只是用人单位与劳动者约定无确定终止时间的劳动合同。《中华人民共和国劳动合同法》第十四条规定，有下列情形之一，劳动者提出或者同意续订、订立劳动合同的，除劳动者提出订立固定期限劳动合同外，应当订立无固定期限劳动合同：连续订立二次固定期限劳动合同，且劳动者没有本法第三十九条和第四十条第一项、第二项规定的情形，续订劳动合同的。因此，在五个月前双方第二份劳动合同到期时，小李可以要求订立无固定期限劳动合同，公司也让他自己选择，但他却选择了订立固定期限劳动合同，说明他与公司达成了不订立无固定期限劳动合同的协议。在新的劳动合同履行期间，如果不是双方重新协商一致，任何一方都不能随意变更合同期限。

　　听了劳动保障监察机构工作人员的解释后，小李理解了法律规定，也收回了对公司的不满。

## 公司"分家",职工工作年限计算会中断吗?

"我明明在这里工作了4年,怎么才给我这点经济补偿?必须给我说清楚!""已经和你说得很清楚了,一年前公司就已经不是原来那家公司了,工作年限当然要从一年前起算,给你的经济补偿数额是合理合法的。"听了人力资源部的解释,小刘气不打一处来。

一年前,小刘所在的公司因发展和经营需要分立为两家公司,分立后的公司均变更了名称、成立了新的管理层,小刘归其中一家新公司管理,仍在原工作场所、工作岗位工作,工资待遇也保持不变。最近,因为外部市场变化,公司业务调整,小刘所在的岗位要取消,公司与其协商解除劳动合同,他也同意了,却发现公司人力资源部在计算经济补偿时,没有将他以前在原公司的工龄算进去,理由就是原来的公司已经不存在了,新公司只承认这一年来的工龄。无论小刘如何与人力资源部交涉,人力资源部也不肯为他加上之前3年的工龄。

无奈之下，小刘申请了劳动争议仲裁，要求公司根据他4年的工作年限计算经济补偿。劳动争议仲裁委员会工作人员裁决支持了他的请求。

劳动争议仲裁委员会工作人员认为，《中华人民共和国劳动合同法》第三十四条规定，用人单位发生合并或者分立等情况，原劳动合同继续有效，劳动合同由承继其权利和义务的用人单位继续履行。因此，小刘所在的原公司分立后，他在分立后的其中一家公司工作，他与原公司的劳动关系转移至新公司，并未中断或终止。

最高人民法院《关于审理劳动争议案件适用法律问题的解释（一）》第四十六条也规定，劳动者非因本人原因从原用人单位被安排到新用人单位工作，原用人单位未支付经济补偿，劳动者依据劳动合同法第三十八条规定与新用人单位解除劳动合同，或者新用人单位向劳动者提出解除、终止劳动合同，在计算支付经济补偿或赔偿金的工作年限时，劳动者请求把在原用人单位的工作年限合并计算为新用人单位工作年限的，人民法院应予支持。用人单位符合下列情形之一的，应当认定属于"劳动者非因本人原因从原用人单位被安排到新用人单位工作"：（1）劳动者仍在原工作场所、工作岗位工作，劳动合同主体由原用人单位变更为新用人单位；（2）因用人单位合并、分立等原因导致劳动者工作调动。

小刘仍在原工作场所、工作岗位工作，工资待遇保持不变，只不过是用工主体由原公司变更为新公司，变更也非因劳动者原因，应当认定为属于"非因本人原因从原用人单位被安排到新用人单位工作"，由于当时转移劳动关系时原公司并未支付经济补偿，新公司应当将其在原公司的工作年限计入支付经济补偿的年限中。

## 公司被收购，需要与员工重签劳动合同吗？

"我们想知道，公司被收购了，我们是否可以按照新管理层的要求，以客观情况发生重大变化导致劳动合同无法履行为由，与劳动者解除劳动合同，再以新公司名义重新签订劳动合同？"这天，某地劳动保障监察机构接到了一家贸易公司人力资源部经理董先生的来电咨询。

不久前，董先生所在公司原股东把公司出售了，公司变更了法定代表人和公司名称。新的管理层提出，为了方便管理，要以原公司名义与公司职工解除劳动合同，再以新公司名义与职工签订劳动合同。管理层认为，这样一来，职工即使与原公司有未解决的纠纷，也与新公司无关了。这项批量重签劳动合同的重任交给了董先生。董先生不知按照管理层的意思做会不会带来风险。慎重起见，董先生给劳动保障监察机构打去电话咨询。

了解相关信息后，劳动保障监察机构工作人员告诉董先生，管理层的想法有误，如果按照他们的想法去办，有可能会带来纠纷。《中华人民共和国劳动合同法》第三十三条规定，用人单位变更名称、法定代表人、主要负责人或者投资人等事项，不影响劳动合同的履行。这是因为，在实践中，用人单位与劳动者签订劳动合同时，往往是由其法定代表人或负责人在劳动合同上签字，但是公司的法定代表人是代表用人单位而不是代表其个人与劳动者签订劳动合同的。所以只要在用人单位的独立法人资格不变的情况下，即没有发生关停、注销等情况，无论法定代表人如何变更，都不影响该用人单位作为法人主体享有用工权利和承担原劳动合同的义务，所以公司不需要与劳动者重新签订劳动合同。也因为这样，法定代表人、股东等发生变更，并不属于客观情况发生重大变化导致劳动合同无法履行这一情形，这种情况下如果公司单方解除劳动合同再重签，不仅不能"甩掉"应当从原公司继承的劳动关系方面的权利与义务，还可能构成违法解除劳动合同，会面临劳动争议。

听了这些分析，董先生惊出了一身冷汗，他决定劝说管理层，为了平稳过渡，不要做重签劳动合同的尝试。

## 企业使用职工身份信息注册账号，职工可以要求注销吗？

"我是曾经授权过公司使用我的身份信息和相关资料注册账号，但我现在要离职了，以后和公司也没关系了，怎么就不能要求公司将账号和我的个人信息剥离呢？谁知道以后你们会用这个账号干什么，作为账号后面的个人，我是要承担责任的呀！"周先生焦急地要求公司尽快满足他的要求，尽管他说了一大堆，公司就是不同意。

周先生原在这家公司的市场部任职，负责部分公司宣传业务。两年前，为了扩大市场，公司用周先生的身份信息在一些社交平台注册了账号，来宣传和推广刚刚上市的产品。当时周先生以为公司这么做只是权宜之举，等新产品的热销周期过了之后公司就会注销账号。没想到由于宣传效果好，公司一直使用着这些账号。最近，周先生辞职了，他担心自己走后以个人身份注册的账号会被滥用，于是与公司协商，要将这些账号注销，或者公司自己想办法修改账号对应的实名认证信息，让自己的信息与这些账号"解绑"。但公司却提出，当初周先生同意用自己的信息为公司注册账号，这些带有他个人信息的账号就属于职务成果，公司有权一直使用。为此，周先生和公司交涉了多次，但始终未能如愿。

周先生觉得公司的理由不对，但又不想因为这件事和公司闹上法庭，影响自己的职业发展，于是来到公司所在街道的劳动争议调解组织，希望能由专业人士为他"说和"。调解员了解情况后告诉他，他的诉求是正当的，带有个人信息的账号并非用人单位有权占用的职务成果，周先生作为个人信息权利人，有权同意他人使用其个人信息，也有权撤回同意。这是因为，《中华人民共和国个人信息保护法》第十三条规定，符合下列情形之一的，个人信息处理者方可处理个人信息：（1）取得个人的同意；（2）为订立、履行个人作为一方当事人的合同所必需，或者按照依法制定的劳动规章制度和依法签订的集体合同实施人力资源管理所必需；（3）为履行法定职责或者法定义务所必需。该法第十五条规定，基于个人同意处理个人信息的，个人有权撤回其同意。个人信息处理者应当提供便捷的撤回同意的方式。由此可见，无论是否存在劳动关系，劳动者个人同意，是用人单位有权处理其个人信息的前提。而且，公司是为了在社交平台上营销而使用周先生的个人信息，这也并不属于该法第十三条规定的用工管理所需或履职所需的情形，因此如果周先生撤回同意，公司就不能再使用了。

最终，经过调解员对公司的详细释法，公司终于同意注销账号。

## 年会中奖，公司可以不兑现吗？

"这是我家孩子这些年来的教育费用单据，这么多钱，这些年一分都没有给我报销。以前我以为公司是想让我攒几年再报销，可现在我都要离职了，你们还不兑现？真是一点诚信都不讲！"和公司负责人一番争论后，张先生还是没得到自己应得的"奖品"。

张先生是某餐饮公司的采购部总监。几年前，在一次公司年会的抽奖项目中，他抽中了特等奖，奖品为获奖者子女从获奖当年起至大学本科毕业的全部教育费用（包括参加外部培训机构的费用等）均由公司创始人建立的职工教育基金承担。张先生当时非常高兴，可是公司之后就再没提起过这件事，也没有人告诉他如何报销。直到最近，因公司结构调整，公司现在的负责人与他协商解除劳动合同，张先生提出公司应该为他"兑奖"。公司负责人却告诉他，年会上承诺承担职工子女的教育费用，是公司几位创始人设立的职工教育基金会在年会上设立的奖项，并不能等同于公司的行为。现在公司创始人作为公司高管都已经退休，公司也已将这个基金会管理的基金挪作其他用途，自然不能再给他报销。

张先生忍无可忍，提起劳动争议仲裁，要求公司为他报销孩子的教育费用。在劳动争议仲裁处理中，公司负责人提出，张先生的这一诉求实际为他与公司创始人以及早已不存在的职工教育基金会之间的争议，与公司无关，因此他的主张不涉及劳动争议，劳动争议仲裁委员会不应受理；即使属于劳动争议，张先生在年会上中奖是几年前的事了，此时才主张报销费用，已过了劳动争议仲裁时效。

最终，劳动争议仲裁委员会支持了张先生的诉求。劳动争议仲裁委员会认为，虽然双方提及的教育基金会由创始人出资设立，但这些创始人当时均为公司高管，基金奖励对象是公司职工，且奖励方式又以公司年会上的抽奖形式存在，因此，该基金会的行为并不能与公司的经营行为完全分开，应视为公司激励职工的一种方式。张先生所获得的教育基金奖励，性质上应该属于用人单位为职工提供的一种福利待遇，公司不能以基金会创立者已退休、基金会已不存在等为由，否认公司当年的承诺。而且，虽然张先生中奖是几年前的事，但公司并未明确奖励内容中报销职工子女教育费用的频率是一年一报销、职工子女大学毕业后统一报销还是由职工自己决定，时效处于未定状态，张先生离职要求报销时才知道公司食言，此时应视为其"知道或者应当知道其权利被侵害之日"，从这时起一年内申请劳动争议仲裁，未超出时效。

时隔数年，张先生的年会特等奖，终于在劳动争议仲裁委员会的支持下获得兑现。

## 明明到了"岗",为何成"旷工"?

"你看看,这是我的打卡记录,那10天里我明明每天都来单位打卡上班,也每天都积极干活,凭什么算我旷工,还把我'开'了?""客户连你的人影都没看到,这样也叫上班?"因为被公司解除劳动合同,王某和售后维护部刘经理吵了起来。

王某是这家设备公司售后维护部的一名工程师。不久前,该公司出售了一批设备给一家重要企业客户。机器送去不久,客户反映在调试和操作上有些问题,希望能够指派工程师前去指导。公司把这个任务交给了售后维护部。当时刘经理正要出差,没法亲自去,在与客户沟通后,把这个任务交给了设备维护经验丰富的王某,并叮嘱他要用10天左右的时间去客户处驻厂指导。王某满口答应。但在刘经理出差期间,却接到公司总经理的追问电话,原来是客户反映等了好几天,连个人影都没等到。刘经理赶紧去问王某,王某说他认为客户那边的机器问题不大,不用实地

维护，只要电话指导就行，于是自己每天都到公司坐班，用电话联系客户，却始终无法联系上与他对接的技术人员，因此才闹出了这个"误会"。但公司却不认为这是个"误会"，以王某连续旷工5日以上、构成严重违反规章制度，且严重影响公司信誉为由，与他解除了劳动合同。

王某不服，于是便有了开头的那一幕。见无法让公司收回解除决定，王某便申请劳动争议仲裁，要求裁决公司解除劳动合同违法，要支付赔偿金。但除了公司门禁的打卡记录复印件之外，王某并不能证明自己在那10天里履行了公司交办的工作职责，因为没有证据证明他与客户公司联系过。

最终，劳动争议仲裁委员会驳回了王某的请求。劳动争议仲裁委员会认为，旷工是指职工请假没有获得批准或没有履行请假手续且无正当理由，未到岗上班的行为。在对旷工的认定中，到岗的"岗"并非特指用人单位所在地址，而是与职工岗位职责相关的工作地点。王某作为售后维护人员，他的重要工作职责就是入驻客户企业进行机器调试，并且，双方有旷工争议的那10天，正是王某被要求驻厂为客户企业维护设备期间。因此，这10天中王某的岗位应在特定的客户企业处，而不是在公司工位或其他地方。王某在这段时间里，未请示上级即擅自决定不去客户处，而且也无法证明自己曾与客户联系过。因此，应视为无正当理由、未获得批准就不到岗上班，理应视为旷工。

## 没有书面变更通知,就是"空口无凭"吗?

"明明已经按照说好的工资标准执行了3个月了,现在又要推翻承诺,把我的工资标准降低,公司这样也太不诚信了吧?""你别说得那么难听,当时本来就没有书面变更,只是口头答应你,所以只是'试行',现在公司自然要根据制度把你的工资标准调到合适的程度。这是公司管理权的体现,和诚信有什么关系?"为了解决进入新岗位3个月后工资标准升降的问题,林某和公司人力资源部王经理争执起来。

林某原本担任这家公司的车间主任。不久前,由于公司质检科离职人数较多,公司从其他各个部门紧急调配人员,其中也包括林某。由于质检科的工作比一线车间要轻松一些,同职级的工资标准也比车间低,林某本不大愿意去。王经理代表公司向他口头承诺,调岗后的工资标准只会升不会降,林某这才同意。刚开始的3个月,林某的工资标准的确没有降低,由于多了一些岗位补贴的项目,月薪还升高

了 200 多元，因此他兢兢业业，将自己在车间工作期间把控产品质量的经验向其他新调来的科室人员倾囊相授。不料，3 个月过去后，王经理却通知林某，根据人员调任后的"试行"结果，公司决定与他签订劳动合同变更协议，按照质检科的工资档位调整他的工资。也就是说，他的工资标准要降了。林某不同意，于是就有了开头那一幕的争吵。

最终，公司没有让步，不顾林某的意愿降低了他的工资标准。林某以公司克扣劳动报酬为由辞职，并申请劳动争议仲裁，要求公司支付解除劳动合同的经济补偿。

代表公司参加劳动争议仲裁的王经理提交了质检科的工资制度，以证明并非故意降低工资标准，而是根据规章制度合理变更劳动合同。但劳动争议仲裁委员会工作人员却支持了林某的请求。

劳动争议仲裁委员会工作人员认为，最高人民法院《关于审理劳动争议案件适用法律问题的解释（一）》第四十三条规定，用人单位与劳动者协商一致变更劳动合同，虽未采用书面形式，但已经实际履行了口头变更的劳动合同超过 1 个月，变更后的劳动合同内容不违反法律、行政法规且不违背公序良俗，当事人以未采用书面形式为由主张劳动合同变更无效的，人民法院不予支持。在工资标准方面，王经理已代表公司对林某作出口头承诺并实际履行 3 个月，说明他们已经变更了劳动合同且发生了法律效力，彼此必须遵照执行；公司不顾事实要再次单方变更劳动合同并强行降低工资，构成违法。而且，根据上述司法解释第五十条规定，用人单位制定的内部规章制度与集体合同或者劳动合同约定的内容不一致，劳动者请求优先适用合同约定的，人民法院应予支持。因此，公司不能以有相关工资制度为由来推翻双方的约定。

## 从早忙到晚却成"非全日制用工",如此偷换概念违法吗?

"这份工作就是这样,只能根据你的主要工作职责来算工资,当初约定的是'非全日制',就得按这个约定办。你要吃不了苦就别干!"面对人力资源部负责人的指责,小何很生气:"这不是吃不吃苦的问题,而是你们欺诈!就算我不再干下去,我也要拿到该得的工资!"

不久前,小何找到了一份非全日制工作——在某健身房当保洁员。面谈时,人力资源部负责人告诉她,她每周只要工作6天,每天只需要打扫卫生

4个小时左右，公司会按照她每天具体工作的时间，以每小时80元的标准支付工资。小何觉得这种"小时工"自由又轻松，每天的空闲时段她还可以去找别的工作，便答应了。

但是入职后，小何发现工作时间和工作内容完全不像人力资源部当初说的那样。公司要求她每天要和健身房其他职工一样，早上10点即到门店点名、开晨会。这样一来，除了真正用来打扫卫生的4个小时，小何其他时间都得在店里"待命"，其间还不时被叫去搬器械、调音响，甚至还要帮前台核对客户课时，晚上六七点才能下班。如果遇上客流量较大的日子，小何打扫卫生的工作量远远不止4个小时，往往要忙到健身房晚上9点最后一节私教课结束后。半个月后，小何拿到了自己的第一笔"非全日制工资"，发现健身房一直是按照每天4个小时的工作量计算工资。她终于忍不住了，要求健身房根据自己的真实在岗时间补发工资，人力资源部负责人却拒绝了。

小何决定要为自己讨回公道，于是找到当地劳动保障监察部门。了解她的具体工作情况后，劳动保障监察机构工作人员告诉他，健身房的这种行为是偷换概念，对她的权益造成了损害。《中华人民共和国劳动合同法》规定，非全日制用工是指以小时计酬为主，劳动者在同一用人单位一般平均每日工作时间不超过4小时，每周工作时间累计不超过24小时的用工形式。而小何名义上每天只需要工作4小时，却被要求整天待在健身房"待命"、干杂活，而且有时打扫卫生的时间也超过了4个小时。这样计算下来，小何在健身房的平均日工作时间已经超过了8小时，每周在40个小时以上。健身房名为非全日制用工，实为全日制用工，因此应给予她全日制用工的待遇。最后，在劳动保障监察机构工作人员的执法下，健身房终于按同岗位其他全日制职工的标准补足了小何的工资和加班费，并支付了解除劳动关系的经济补偿。

## 工资总额不变但结构调整，属于变更劳动合同吗？

"公司不能为了节约成本就随意调薪，你们自己看看，这个月我的工资降了好几百元，哪有这么坑职工的？""公司根本就没动你的工资总额，拿得没以前多是你自己没本事！"在公司人力资源部，小季为了自己的工资问题和人力资源部周经理吵了起来，听周经理说自己的工资下降是因为自己没本事，她更是气不打一处来。

入职公司时，小季和公司签订的劳动合同中对工资水平有明确的规定，她的月工资构成为基本工资 4 000 元＋岗位工资 4 000 元。但工作半年后，周经理突然通知她，由于公司进行工资改革，她的工资构成会发生一些"小小的变化"，但总额不变，让她不要担心。小季问变化到底体现在哪里，周经理却顾左右而言他，还跟她说发了工资就知道了。小季忐忑地等到了发工资的日子，却发现自己只拿到了 7 500 元，一下少了 500 元，这就是所谓"小小的变化"吗？小季赶紧去财务

处领了自己的工资条，发现公司将她的工资结构改变了，月工资构成变成基本工资3 000元＋岗位工资2 000元＋绩效工资3 000元，其中绩效工资是浮动的。也就是说，小季这个月的绩效工资被扣了500元。小季因自己工资结构的改变质问周经理，却得到了开头那样的回答；她又追问自己的绩效工资究竟是根据什么绩效考核结果扣的，周经理只是模糊地回答是根据部门绩效考核结果和个人绩效考核结果来确定的，但仍坚称这不属于降薪。

小季觉得自己不能就这么被骗，于是来到当地劳动保障监察机构讲述了自己的情况，询问公司的做法是否属于以降薪的方式单方变更劳动合同。了解来龙去脉后，劳动保障监察机构工作人员告诉她，她的怀疑是对的，公司的确涉及违法变更劳动合同。从表面上看，小季的工资总额不变，但由于工资结构发生了变化，其中的一部分变为浮动工资，意味着她要拿到原来的工资总额，就要满足新的条件，这属于加重劳动者的劳动义务，自然是对劳动合同的变更。而且，公司至今也没有告诉小季绩效考核的具体标准、绩效工资的具体系数等，这更是侵犯了她的劳动报酬权。从各个角度来看，公司都是单方变更劳动合同，且这种变更对劳动者不利，因此违反了劳动合同变更应当与劳动者协商一致的法律规定。

最后，经过劳动保障监察机构工作人员上门执法，公司意识到了自己的错误，承诺按照双方的劳动合同约定补发小季的工资，并将涉及其他职工的工资变更都撤销。小季这才松了一口气。

## 为完成业绩而违规，也应减发工资吗？

"这次公司如果真克扣了我的工资，我不仅要去告你们，还会在内外网上发帖，让大家知道公司管理层有多'黑'！"听了梁某的这番警告，某投资业务咨询公司人力资源部经理池先生心生忧虑。他担心的是，如果不扣梁某的工资，刚推行不久的绩效工资制度改革会遇上阻碍；如果按规定扣她的工资，一旦发生劳动争议，工资制度改革同样会面临非议。

这家公司由于设立不久，工资制度一直比较模糊，尤其是咨询师岗位人员的工资，比例计算比较混乱。最近，为了更好地激励职工，经过一系列民主程序之后，公司开始推行绩效工资制，将职工的工资分为基本工资和绩效工资两部分，每个月的绩效工资要根据职工个人的出勤率、业绩、客户评价、对团队的贡献等表现，按照一定的考核系数最终计算出应得数额。

梁某是这家公司的一名咨询师。在正式推行绩效工资制度改革之前，工资水平一直很高，但在实行绩效工资制度之后，她却因违反公司规定推销不恰当的投资项目，被客户投诉数次，客户口碑和咨询业绩等方面的工资计算因素深受影响，导致最近一个月的绩效工资相比之前少了很多。梁某认为自己是为了满足公司提出的业绩要求才违规操作，提出申诉要求公司不扣工资，但她的申诉都被驳回。于是梁某便找上负责推行绩效工资制度的人力资源部，对池先生提出威胁。

池先生左右为难之下，找到了当地人社部门派到公司所在产业园的人社服务专员，询问这种情况该怎么办。人社服务专员询问了前因后果后告诉池先生，他不用担心，依据经过合法程序制定的单位规章制度对职工进行管理与考核，是用人单位的权利。只要扣减工资的制度依据和事实依据真实可信，即使发生劳动争议，梁某的诉求也不会得到支持。梁某因为自己的过错导致业绩和口碑受到影响，公司针对她的表现，在按时、足额支付固定基本工资的前提下，对照制度中的考核标准合理确定当月的绩效工资水平，不属于"克扣劳动报酬"，这样的扣减工资是合法的。

听了这番讲解，池先生的心终于放下了。他对梁某转述了人社服务专员的说法，梁某也无法提出反驳意见了。

**没完成指标要求，属于严重违纪吗？**

"我已经解释过很多遍了，这两个月的上课时长没有达到要求，是有客观原因的，不是我自己主观因素造成的。怎么能随便扣个'消极怠工、严重违纪'的帽子就开除我？"在某艺术培训机构，美术培训教师小方为自己的权益和名誉据理力争。

小方在这家机构已经工作了一年多。机构对培训教师每月有具体的课时要求，小方之前每个月都能完成相应的课时指标，但最近两个月，由于呼吸道疾病高发，学生请假的也多，有好几个时段的课没有学生来上，不得不临时取消。这样一来，这两个月小方的课时就少了很多，甚至达不到每月的课时时长标准。

最近，小方收到了公司的解除劳动合同通知，公司以她没有尽力维护生源、消极怠工造成课时减少为由，认定她严重违反规章制度，要与她解除劳动合同。这让小方十分愤怒。小方觉得公司这是在生源减少后借机裁员节省成本，将"锅"甩到自己头上，这让她无法忍受。她向公司提出反驳，要求公司撤销解除通知，即使要解除劳动合同，也要支付经济补偿。但这些要求都被公司拒绝。

小方无奈之下，只能申请劳动争议仲裁。在调解环节，劳动争议仲裁委员会工作人员在了解了双方的情况后告诉公司，认定劳动者消极怠工、严重违纪等需要非常明确详细的证据。对于培训机构中的教师，他们的勤勉程度主要体现在出勤率等指标上，能否完成课时要求则受市场生源、学员情况等很多客观因素的制约，单凭课时减少，并不能认定培训教师主观上消极怠工。即使真的是因教师能力等原因造成生源减少、课时不足，那也应该从劳动者不胜任工作、工作绩效不符合要求等角度来处理劳动关系，而不应该与怠工这样的劳动者主观过错性评价挂钩。因此，培训机构仅以课时减少为由认定小方消极怠工、严重违纪，并无事实依据，构成了违法解除劳动合同。

听了劳动争议仲裁委员会工作人员的释法后，培训机构认识到了自己的错误。在劳动争议仲裁委员会的主持下，双方达成调解协议，培训机构撤销了因违纪而解除劳动合同的通知，与小方签订了协商解除劳动合同并支付经济补偿的协议。

## 要享受医疗期，须履行请假义务吗？

"他明明有单据却死活不寄过来，这会儿打官司了倒麻利地提交了，这不是自己没事找事吗？"最近，某饮料公司人力资源部经理金先生很是犯愁，明明是依照法律法规和公司规章制度处理了一位有旷工行为的职工，却又给公司惹来了官司。

原来，不久前，该公司一名生产操作工杨某突然缺岗。他的部门主管打电话询问，杨某声称自己因病需要休假，并称医生已开具了诊断证明和病休建议单。部门主管要求他依照公司关于休病假的程序寄来这些单据或将这些单据拍照上传到公司的微信小程序，杨某却称自己不会在手机上操作，又卧床不便，等几天后身体恢复一些就寄回去。部门主管便将他的情况汇报到人力资源部，临时代为请假。但过了好几天，杨某的单据一直未寄到，部门主管和金先生都打电话去追问了好几次，杨某都说自己正在治疗，不便寄件。就这样来来回回半个多月，金先生请示公司领导后，以杨某无法提供有效的请休病假材料为由，认定他这段时间属于无故缺勤，依据公司"职工无故缺勤3天以上属于旷工，可解除劳动合同"的规章制度，代表公司解除了与杨某的劳动合同，并向他寄去解除通知。

但是很快，公司就被杨某诉至劳动争议仲裁委员会。杨某主张公司违法解除尚在医疗期的职工的劳动合同，应当支付赔偿金。杨某提交了相应的诊断证明和病休建议单，证明自己是真的生病，并说这些单据本来是打算病好后上岗时再带去公司的，自己没打算"泡病假"，只是没想到公司这么"猴急"。

最终，劳动争议仲裁委员会没有支持杨某的请求。劳动争议仲裁委员会提出，《企业职工患病或非因工负伤医疗期规定》规定，职工根据本人实际参加工作年限和在本单位工作年限，享有不同长度的医疗期；在医疗期内，用人单位不能随意解除劳动合同。但是，职工享有这一权利的前提不仅仅是"真的生病"，还必须向用人单位履行告知义务，即将其需要停止工作休假的时间等重要信息通过有效的诊断证明和病休建议单告知用人单位。若劳动者未以适当方式提交上述单据，则用人单位无法确认其是否能享受医疗期。在这种情况下，用人单位有权依据法律法规和规章制度作出合法合理的处理。本案中，直到收到解除通知时，杨某都未向公司提交诊断证明和病休建议单，属于未履行告知义务，导致公司不知道他是否真的需要享受医疗期待遇，只能判定他无故缺勤。因此公司解除劳动合同合法。

这样的劳动争议仲裁结果，让金先生松了一口气。

## 没去用人单位指定医院复查，请病假该被拒绝吗？

"因你未遵照公司要求在限定日期内提交指定医院复查结果，你的病假申请未被批准，请在收到通知后 3 日内返岗，否则将以旷工处理……"看到公司给自己发来的返岗通知，林某觉得比当初知道诊断结果时的心情还糟。

不久前，林某身体不适。他前往家附近的一家三甲医院诊断治疗后，医生除了开药之外，还给他出具了建议休息三周的病假单。在林某向公司提交了休病假申请之后，却得到公司回复的一份限期复查通知书。其中称，公司对林某所去医院出具的诊断结果和病假单中休息时长存疑,要求他在限定日期前去公司指定的一家医院挂号复查,到时公司会派人陪同他去,并报销他在挂号检查中的自费部分费用。林某对公司这种不信任自己的态度非常气愤。他提出,自己去的是三甲医院,医生的诊断结果和休假建议具有权威性,而且根据自己所患疾病,在诊断过程中需要做穿刺类的有创检查,自己不想再遭"二茬罪"了;公司指定的那家医院是当地出了名的"挂号难",自己也不能保证在限定日期前挂上号。但他的申诉,只换来人力资源部冷冰冰的回复:"根据公司规章制度,公司有权要求申请休病假的职工去指定医院复查!"

林某不服气,他一边在家休养,一边与公司各层级领导联系,不断提起申诉,最终等来的却是一份措辞严厉的返岗通知。公司人力资源部还告诉他,在他返岗前没有上班的这些天,都将按事假处理,这已经是对他"网开一面"了。自己难道真的做错了吗?难道对于去什么医院检查,开了病假单能不能休病假,都得单位说了算吗?林某心里真的没底了。于是,他拖着虚弱的身体来到当地劳动保障监察机构,诉说了自己的情况。

了解前因后果后,劳动保障监察机构工作人员告诉他,错的是公司。根据劳动保障法律法规的规定,享受医疗期和病假待遇,是患病劳动者的法定待遇,只要劳动者能够提供正规医院开具的真实的病假单,并且休假申请手续完备,那么就满足了申请休病假的程序和实体要求,用人单位应予批准。如果用人单位对劳动者的病假申请存疑,应该自行前去查实,或在与劳动者协商一致并提供必要协助的前提下请劳动者去单位信任的医院复查,而不是无端猜疑,并通过规章制度或领导命令之类的方式强行要求劳动者复查,加重患病劳动者的负担。毫无来由地指定就诊和复查制度即使写入规章制度,也是没有约束力的。林某已经提供了三甲医院的诊断证明,没有义务再证实自己确实患病或确实需要休息二周;公司要求他前去复查,却无视指定医院挂号难、复查需要做有创检查等难题，转移公司自身的查证义务而加重了林某的负担。因此，林某拒绝复诊是正当的，公司应当予以批准病假，无权要求林某返岗或按事假处理。

最终，经过劳动保障监察机构工作人员上门释法，公司改正了自己的做法，收回了返岗决定，林某终于可以安心休养了。

# 劳动合同解除与终止

经济补偿最高只发 12 个月的工资吗?
心得体会与他人雷同,因此被解雇合理吗?
劳动者提供虚假证书,劳动合同有效吗?
协商后的经济补偿低于法定标准,可以"加价"吗?
在服务期内辞职,为何不用支付违约金?
解除劳动关系的事由可以随意变更吗?
解聘通知送达后还能撤销吗?
单位被吊销营业执照,职工权益会不会被"清零"?
解除劳动合同时尚未用工,需要赔偿劳动者损失吗?
以完成项目为期限的合同终止,劳动者可以拿到经济补偿吗?
继续用工一年后才回复"同意辞职",回复有效吗?
协商解除合同后公司又要求返岗,职工可以拒绝吗?
劳动者欺诈导致服务期协议提前解除,应该付违约金吗?
对被退回的劳动者,派遣公司可以与他直接解除劳动合同吗?
通过微信辞职,算书面解除劳动合同吗?
保守商业秘密等于履行竞业限制义务吗?
解除竞业限制协议,公司该如何承担责任?

##  经济补偿最高只发 12 个月的工资吗？

"请问，我干了这么多年，我也不贪心，怎么着公司也该按照我的工作年限给我经济补偿吧？"最近，某地劳动保障监察机构接待了一位劳动者孙某。

孙某于 2010 年入职他现在所在的这家公司，一晃 14 年过去了。最近，公司因经营战略调整，要与孙某协商解除劳动合同，并承诺会按照最高额度给予他经济补偿。孙某同意了，但当他拿到公司拟定的解除劳动合同协议时，却发现公司打算给他的经济补偿，只相当于他目前 12 个月工资的数额。这让孙某十分不满，拒绝签字，要求公司至少按照他的工作年限，支付 14 个月的工资作为经济补偿。可是公司却说，他们是协商解除劳动合同的，公司最多支付 12 个月工资的经济补偿，这是法律规定的。

这个回应让孙某觉得心都凉透了。于是他来到劳动保障监察机构，询问公司的说法是否正确。劳动保障监察机构工作人员了解了他的工资收入水平和工作年限后

告诉他，公司的说法并无依据。

劳动保障监察机构工作人员解释称，协商解除劳动合同，用人单位最多支付 12 个月工资的经济补偿的规定，是源于已废止的《违反和解除劳动合同的经济补偿办法》的第五条规定。根据这一规定，经劳动合同当事人协商一致，由用人单位解除劳动合同的，用人单位应根据劳动者在本单位工作年限，每满 1 年发给相当于 1 个月工资的经济补偿金，最多不超过 12 个月；工作时间不满 1 年的按 1 年的标准发给经济补偿。

这一法规废止后，支付经济补偿的法律依据是以《中华人民共和国劳动合同法》为准。《中华人民共和国劳动合同法》第四十七条规定，经济补偿按劳动者在本单位工作的年限，每满 1 年支付 1 个月工资的标准向劳动者支付。6 个月以上不满 1 年的，按 1 年计算；不满 6 个月的，向劳动者支付半个月工资的经济补偿。劳动者月工资高于用人单位所在直辖市、设区的市级人民政府公布的本地区上年度职工月平均工资 3 倍的，向其支付经济补偿的标准按职工月平均工资 3 倍的数额支付，向其支付经济补偿的年限最高不超过 12 年；其中，月工资是指劳动者在劳动合同解除或者终止前 12 个月的平均工资。因此，经济补偿金额是否限制在 12 个月工资之内的决定因素，就是劳动者本人的月工资标准是否高于当地上年度职工月平均工资 3 倍。但根据孙某向劳动保障监察机构工作人员出具的工资收入凭证，他的月工资并未达到上述标准，因此，公司应根据孙某的实际工作年限计算经济补偿的金额。

经过劳动保障监察机构工作人员上门执法，公司依法计算并支付了孙某应得的经济补偿。

**心得体会与他人雷同,因此被解雇合理吗?**

小林没有想到,自己随意从网上抄的一段话,居然会成为他被解除劳动合同的"导火索"。公司的这个处理方式,让他觉得自己太冤枉了。

不久前,公司组织几个部门的职工学习几份上级集团公司下发的文件,并要求学完后提交不少于800字的学习心得。小林也是其中的一位学员。由于时间紧张、平时工作又较忙,小林为了尽快交差,在写学习心得时从网上找了一篇相关的文章,从中复制了300多字"借鉴"到自己的文章中。不想提交上去后,公司发现他的这段文字与另外一位职工的学习心得有雷同,便将两人叫来询问。小林承认自己是从网上抄的，而另外一位职工却坚称是自己原创的。结果，小林被公司以学习态度敷衍、触犯公司管理底线、严重违反规章制度为由解除劳动合同。小林提出申诉，称自己虽有抄袭行为，但并没有对公司造成什么实质损害，公司也没规定抄袭多少就是触犯管理底线，公司的处理太苛刻，而且，和他文章雷同的同事显然也有抄袭嫌疑，却因为拒不承认而没有受到任何处理，这样不公平。但公司没有理会他的申诉，坚持解除了劳动合同。

气愤的小林提起劳动争议仲裁，要求公司支付违法解除劳动合同的赔偿金。在仲裁处理中，公司提出，以严重违反规章制度为由解除职工的劳动合同是公司自主权，公司可以自主决定是否解除以及解除谁的劳动合同，这一权利应当获得尊重。同时，公司还提交了规章制度文本。这份规章制度显示，公司的管理底线包括"不融入团队、不参加学习和互动""不服从上级管理""工作被动、忽视工作质量"等。

最终，劳动争议仲裁委员会支持了小林的请求。劳动争议仲裁委员会认为，用人单位在解除劳动合同问题上有一定的自主权，但不能无依据不公平地解除。两名职工同样都有抄袭嫌疑，但仅因为小林承认错误而另外一位职工不承认，公司就不再深入调查，仅处理了小林，这是"同事不同罚"，属于违法；在学习心得中抄袭虽然不对，但并没有触及规章制度中提及的这几条管理底线，而且小林仅抄袭了部分，也没有达到不参加学习或不服从管理的程度，更没有对公司管理或经营造成严重影响，公司适用规章制度不当，对职工的要求也过于严苛。因此，公司的行为构成违法解除劳动合同。

## 劳动者提供虚假证书，劳动合同有效吗？

"我们想知道，职工提供虚假证书误导了我们，现在我们想解除劳动合同，他却说要公司支付经济补偿，我们该以什么理由拒绝？"这天，某科技公司向当地12333致电，咨询公司遇到的问题。

一年前，该公司因计算机工程师岗位有空缺进行社会招聘，陈某提交了公司要求的证书材料，并获得了这份工作。最近公司发现，陈某当初提交的证书材料是伪造的，因此以其诚信有问题为由要解除劳动合同，但陈某却要求公司支付经济补偿，否则就要申请劳动争议仲裁。公司认为陈某的要求无理，却不知道该如何用法律依据来反驳他的主张。

接听电话的人社部门工作人员了解情况后告诉公司，这种情况下，公司没有义务支付经济补偿，但要支付陈某在职期间的劳动报酬。《中华人民共和国劳动合同法》第八条规定，用人单位有权了解劳动者与劳动合同直接相关的基本情况，劳动者应当如实说明。该法第二十六条第

一款第一项规定，以欺诈、胁迫的手段或者乘人之危，使对方在违背真实意思的情况下订立或者变更劳动合同的，劳动合同无效或者部分无效。该法第三十九条规定，劳动者因该法第二十六条第一款第一项规定的情形致使劳动合同无效的，用人单位可以解除劳动合同。陈某提供虚假证书材料属于欺诈行为，因此导致公司在违背真实意思的情况下订立劳动合同，公司可以主张劳动合同无效，并因此解除劳动合同，且不需要支付经济补偿。

但《中华人民共和国劳动合同法》第二十八条规定，劳动合同被确认无效，劳动者已付出劳动的，用人单位应当向劳动者支付劳动报酬；劳动报酬的数额，参照本单位相同或者相近岗位劳动者的劳动报酬确定。因此，该公司应支付陈某在职期间的劳动报酬。

有了明确的法律依据，公司依法与陈某解除了劳动合同。

## 协商后的经济补偿低于法定标准，可以"加价"吗？

"咱们当时不是都说好了吗，也签了字的，你怎么又把公司告了呢？""我那时没查法律条款，现在反应过来了，得按法律规定来！"何某的这个回答让宋经理很气愤。

何某是某外贸公司职工。近年来该公司经营困难，日渐陷入困境，不久前，人力资源部宋经理代表公司与何某协商解除劳动合同。宋经理告诉何某，公司知道法律对经济补偿有规定，但现在公司资金紧张，只能以工作满1年支付月工资 2/3 的标准给他经济补偿；作为补偿，公司会给何某出具一份盖章的推荐信，方便他再就业。何某也不愿意在公司继续工作了，因此同意了宋经理的条件。

宋经理根据协商结果拟出经济补偿支付协议，并在上面备注"双方均已知晓法律规定与各自权责，在公司履行完成协议约定义务后，双方不存在任何劳动争议"。何某获得经济补偿后离开了公司。

不久后，公司却接到了应诉通知。原来何某申请了劳动争议仲裁，要求裁决公司根据法律规定按每工作 1 年支付 1 个月工资的标准支付经济补偿差额。宋经理质问何某为何反悔，何某却坚持"要按法律办事"。无奈之下，宋经理只能代表公司去应诉。

在调解阶段，何某主张公司支付的经济补偿与自己应得的相差很多，属于显失公平，但是除了那份协议，何某并未提供其他证据。劳动争议仲裁委员会工作人员告诉何某，他的请求并无依据，得不到法律的支持。

劳动争议仲裁委员会工作人员解释说，不能单纯从协议约定的经济补偿数额明显偏低，就认定协议显失公平。最高人民法院《关于审理劳动争议案件适用法律问题的解释（一）》第三十五条规定，劳动者与用人单位就解除或者终止劳动合同办理相关手续、支付工资报酬、加班费、经济补偿或者赔偿金等达成的协议，不违反法律、行政法规的强制性规定，且不存在欺诈、胁迫或者乘人之危情形的，应当认定有效。本案中，双方在协议上的备注、何某在协议上签字的行为，都表明何某对获得多少经济补偿作出了自愿选择，应视为真实的意思表示，除非能够证明何某在签订该协议时，存在被欺诈、胁迫或乘人之危等情形。但是，何某并未举证他当时有这些情形或丧失了判断力、处于危困状态，因此双方关于经济补偿的约定有效。

经过劳动争议仲裁委员会工作人员的释法，何某不再坚持自己的主张，宋经理也松了一口气。

## 在服务期内辞职，为何不用支付违约金？

"公司拖欠了我这么久的工资，我都没要求公司支付经济补偿，已经仁至义尽了，你们凭什么还要求我支付违约金？""凭什么？就凭你签了这份协议！"小冯和公司人力资源部负责人为离职时究竟该不该支付服务期违约金的事情吵了起来。

小冯是这家建筑设计公司的高级设计师，在这里已经工作4年了。当年他入职不久，公司认为他有培养前途，就安排他外出接受了5个月的专业技术培训，并与他签订服务期协议，约定小冯学成归来后必须为公司服务6

年,小冯无论因何原因提前离职,均应根据服务期尚未履行的部分按比例返还培训费用作为违约金。小冯当时认为,公司这样器重自己,自己一定能在这里长久地工作下去,于是没有多考虑就签下了自己的名字;在接受培训回来后,他也一直踏实地工作。

今年以来,公司的业务不景气,为了节约开支,公司开始拖欠包括小冯在内的很多设计师的工资。小冯向公司多次提出意见,但公司均不予理会。小冯最终忍无可忍,向公司提出辞职,并要求公司支付拖欠的工资。公司却要他先按照当初的服务期协议支付违约金,否则就别想拿到被拖欠的工资。小冯据理力争,但没有如愿,这让他觉得和公司之间的情分已经荡然无存,于是提起劳动争议仲裁申请,要求公司支付拖欠的工资和自己因拖欠工资而解除劳动合同应获得的经济补偿。

在仲裁处理过程中,公司拿出了当年的服务期协议,主张公司为培养小冯付出了大量的成本,而且协议有约定,小冯无论因何原因提前离职都应支付违约金,所以公司要求他支付违约金的做法合理合法,小冯如不支付,公司可以扣除小冯应得的一切待遇作为赔偿。

但是劳动争议仲裁委员会却支持了小冯的诉求。劳动争议仲裁委员会认为,《中华人民共和国劳动合同法》第三十八条规定,用人单位未及时足额支付劳动报酬,劳动者可以解除劳动合同;该法第四十六条规定,劳动者因上述原因解除劳动合同的,用人单位应当向劳动者支付经济补偿。因此,公司应当支付拖欠的工资和经济补偿。《中华人民共和国劳动合同法实施条例》第二十六条第一款规定,用人单位与劳动者约定了服务期,劳动者依照劳动合同法第三十八条的规定解除劳动合同的,不属于违反服务期的约定,用人单位不得要求劳动者支付违约金。该规定表明,劳动者因用人单位欠薪等侵犯其合法权益的过错行为而解除劳动合同的,不再受服务期协议和违约金条款的约束。公司和小冯签订的服务期协议中虽约定小冯无论因何原因提前离职都应支付违约金，但这一约定违反了法律规定，自始无效。因此，尽管小冯在其服务期内离职，也不构成违约，公司无权要求他支付所谓的违约金。

小冯的合法权益终于获得了维护，这让他松了一口气。

## 解除劳动关系的事由可以随意变更吗？

"明明说好的协商解除劳动合同，你们怎么能为了不给经济补偿就随便换个解除理由，还这么污蔑我？""这怎么是污蔑？你在职的时候掩盖了自己的违规行为，你走了之后你们部门经理才发现的，公司不向你追偿就算了，你还敢来要经济补偿？"因为解除劳动合同理由的变更，小杨和公司领导吵了起来。

小杨原为这家公司的销售部副经理，最近半年来，他与销售部经理屡次因业务问题发生冲突，甚至严重影响了部门工作的开展。不久前，分管销售部的公司领导约小杨谈话，告诉他，为了公司的管理顺畅，不能再让他在销售部工作了，但是公司其他部门也没有能安置他的位置，公司希望能与他协商解除劳动合同。小杨同意了，提出要按照自己满意的数额支付经济补偿。他提出的数额高于法定标准，但公司领导层讨论后，同意了他的要求，承诺在他离职后即支付经济补偿，双方还签订了协商解除劳动合同的协议。但是，小杨离职几个月了，还没有收到经济补偿，他打了好几次电话，得到的答复都是"快了，快了"。小杨又等了一段时间，等来的却是公司的一份"违纪解除通知书"，提出因他在职期间存在伪造发票、违规大额报销等问题，严重违反规章制度，公司将无补偿解除劳动合同。劳动关系明明已经解除了，怎么又来个解除通知书？自己什么时候发生了违纪行为？小杨好半天才反应过来，公司这是以变更解除劳动合同理由的方式收回了支付经济补偿的承诺！小杨去找公司交涉，却被指责了一通。

小杨于是申请劳动争议仲裁，请求裁决公司根据原来的协议支付经济补偿。在劳动争议仲裁处理中，公司坚持认为违纪解除通知书发出后，原有的协议就失效了，公司不需要支付经济补偿。公司还提交了一系列证据，证明小杨存在违纪行为，但这些证据中并无涉及小杨的信息，小杨也不承认这些证据与他有关。

劳动争议仲裁委员会裁决支持了小杨的主张。劳动争议仲裁委员会认为，解除权是形成权，不存在二次解除或多次解除的情形，相对应的，解除理由也应当限定为双方解除时明确的事由。本案中，双方已签订协商解除劳动合同协议，即解除劳动合同的事由为协商一致解除，若放任用人单位事后随意变更解除理由，会严重侵害劳动者权利。而且，公司提出的小杨离职后才发现其违纪行为的说法，并没有有效证据的支持；即使小杨真有违纪行为并给公司造成损失，公司也应通过法律渠道追偿具体损失，而不是以"补发"违纪解除通知书的方式随意撕毁承诺。因此，公司后一份违纪解除通知书无效，应依据双方之前的协议支付经济补偿。

## 解聘通知送达后还能撤销吗？

"当时领导也是在气头上，才让人力资源部给你出了解除劳动合同通知。你重新找工作也不容易，现在公司想撤销解除决定，这对双方都好，给个'台阶'这事就过去了嘛……"某公司行政管理部石经理苦口婆心地对着自己原来的下属小郑讲了半天道理，但毫无效果。

小郑原是这家公司的行政管理部工作人员，性格比较耿直，遇到什么看不过眼的都要理论一番。不久前，因为对公司新出台的一项管理规定不满，小郑把自己的意见通过书面信函、内部平台等各种方式向上级反映，甚至在大会上质问公司领导。公司领导下不来台，一气之下竟授意人力资源部以小郑不服从管理、严重违反规章制度为由解除了劳动合同。但不久后公司领导气消了，决定撤销解除劳动合同决定，让小郑回来，这事就当"给他个教训"。不想，公司派石经理与小郑沟通时，小郑却拒绝接受这份"好意"。而且，几天后小郑就申请劳动争议仲裁，告公司违法解除劳动合同，要求公司支付赔偿金，为自己讨回公道。

  眼见小郑给了台阶还不下，公司领导只能应诉，并决定要再"给他个教训"。在劳动争议仲裁处理中，公司方提出公司已经撤销解除劳动合同的决定，双方劳动关系存续，不存在违法解除劳动合同及需要支付赔偿金的事实依据。但劳动争议仲裁委员会却支持了小郑的请求。劳动争议仲裁委员会认为，解除权是形成权，解除劳动合同的意思表示一旦送达对方即发生法律效力，解除的一方无法反悔撤回，除非双方就重新恢复劳动关系达成一致。尤其是在用人单位违法解除劳动合同的情形下，除非劳动者要求恢复劳动关系，否则用人单位更无权撤销解除决定。对此，《中华人民共和国劳动合同法》第四十八条有明确的规定，用人单位违反本法规定解除或者终止劳动合同，劳动者要求继续履行劳动合同的，用人单位应当继续履行；劳动者不要求继续履行劳动合同或者劳动合同已经不能继续履行的，用人单位应当依照本法第八十七条规定支付赔偿金。本案中，公司以小郑不服从管理、严重违反规章制度为由解除了劳动合同，却没有相关证据，属于违法解除劳动合同；这一解除劳动合同决定已送达小郑且小郑拒绝"回归"，表明他无意恢复劳动关系，公司无权撤销解除劳动合同决定，双方劳动关系已解除，公司应当支付赔偿金。

  公司领导这才明白，随意解除劳动合同会"覆水难收"，最终要接受教训的是公司。

## 单位被吊销营业执照，职工权益会不会被"清零"？

"最近公司让我们走人，我们要求支付经济补偿，但领导却说，公司在半年前就被吊销营业执照了，也就是说公司早'没'了，也就不用对我们负责了，经济补偿更是不用想！这可怎么办呀？公司不存在了，我们想告都不知道该告谁！"这天，某地劳动争议仲裁委员会立案窗口的工作人员接待了几位想要维权的劳动者，他们中的代表董某讲述了他们遇到的难题。

原来，这几位劳动者在所在公司已经工作了3年多，最近公司以"不需要人"为由要与他们解除劳动合同时，他们才知道，公司半年前已被吊销营业执照，却瞒着职工继续从事经营活动。直到最近，公司股东因惧怕事情败露而决定遣散职工，但又不愿支付经济补偿，反而以公司早"没"了为由想敷衍职工们，逃避责任。这几位劳动者想为自己讨回公道，又担心真的没了维权的对象，于是赶来劳动争议仲裁委员会寻求帮助。

劳动争议仲裁委员会工作人员了解情况后，安抚了这几位劳动者，告诉他们其权益不会因公司被吊销营业执照而"清零"。《中华人民共和国劳动合同法》第四十四条规定，用人单位被吊销营业执照、责令关闭、撤销或者用人单位决定提前解散的，劳动合同终止。也就是说，一般情况下，当用人单位被吊销营业执照时，就失去了合法的经营资格，用人单位应支付经济补偿后终止双方劳动关系，如果用人单位仍继续用工，就构成了违法用工，应当受到惩罚，但劳动者的权益不能受损。《中华人民共和国劳动合同法》第九十三条规定，对不具备合法经营资格的用人单位的违法犯罪行为，依法追究法律责任；劳动者已经付出劳动的，该单位或者其出资人应当依照本法有关规定向劳动者支付劳动报酬、经济补偿、赔偿金；给劳动者造成损害的，应当承担赔偿责任。所以违法用工期间也应当计入劳动者工作年限。此后用人单位要解除或终止双方劳动关系的，劳动者可以依法要求相应年限的经济补偿或赔偿金。劳动者也不用担心没有维权的对象。《劳动人事争议仲裁办案规则》第六条规定，发生争议的用人单位未办理营业执照、被吊销营业执照、营业执照到期继续经营、被责令关闭、被撤销及用人单位解散、歇业，不能承担相关责任的，应当将用人单位和其出资人、开办单位或者主管部门作为共同当事人。因此，公司没了，可是股东等出资人仍应承担责任。

  这番解释让董某他们吃下了"定心丸"。后来，在劳动争议仲裁委员会工作人员的指导下，董某等人申请了法律援助。最终，经过劳动争议仲裁维权，他们得到了自己应得的经济补偿。

## 解除劳动合同时尚未用工，需要赔偿劳动者损失吗？

"我通过了你们的几轮笔试、面试，才拿到录用通知，为此我还放弃了其他公司的工作机会，你们怎么能说撤回就撤回？""我们也很为难呀，这不是没办法嘛。以后如果我们公司再有新岗位，一定优先考虑你……"面对小余的责问，这家公司的人力资源部孙经理总是一味和稀泥。

不久前，小余看到这家公司在招聘新媒体运营岗位人员，便投递了简历。经过几轮筛选后，小余终于被选中，公司与他签订了劳动合同，并约定了正式入职时间。小余认为这个工作机会已是囊中之物，于是拒绝了其他几份工作邀约，专心准备入职。不想就在双方约定入职时间的前一天，孙经理通知小余，因公司部门与团队调整，小余准备担任的职务由其他人员兼任了，也就是说，公司不再需要他了，要与他解除劳动合同。

这个消息让小余非常气愤。他打去电话质问孙经理，却得到一些模棱两可的回复；他要求公司赔偿，孙经理却说公司还没有正式对他用工，解除劳动合同只是等于撤回录用他的邀约，不等同于解除劳动关系，公司没有义务赔偿他。

小余来到当地劳动保障监察机构咨询，这种情况下自己该如何维权。了解情况后，劳动保障监察机构工作人员告诉小余，公司没有对他正式用工，双方的确还没有建立劳动关系，他无法得到解除劳动关系应得的经济补偿或赔偿金，但这不意味着他无权要求公司赔偿损失。此时双方签订了劳动合同，已建立了民事上的合同关系，公司单方解除劳动合同，违背了诚实信用原则，应当承担缔约过失责任。《中华人民共和国民法典》第五百条规定，当事人在订立合同过程中有其他违背诚信原则的行为，造成对方损失的，应当承担赔偿责任。因此，公司必须向小余赔偿因公司毁约而造成的损失，其中，既包括他为准备入职而支出的各项费用，也包括基于对公司的信赖而推掉的其他工作机会的成本。

在接受了劳动保障监察机构工作人员的指导后，小余收集了证据并提起诉讼，向这家公司讨回了自己应得的补偿。

## 以完成项目为期限的合同终止，劳动者可以拿到经济补偿吗？

"当初你入职的时候，我们签的就是项目制的劳动合同。这在法律上属于临时用工，和那种有具体时间期限的劳动关系不一样。项目终止了，大家各自走人，哪有什么经济补偿？"听到杨经理的话，陈先生一时不知该如何反驳，在承担项目的时候，杨经理向客户介绍他时都称他为"我们公司的陈工"，项目结束后自己居然莫名其妙成为临时用工人员，还拿不到经济补偿，哪部法律会这么欺负人？

半年前，陈先生所在的这家科技公司为了一个项目进行招聘，陈先生各项条件都符合要求，被公司驻项目的负责人杨经理录用，担任工程师。由于这个项目和公司其他常规经营内容无关，项目完成后陈先生也无法参与公司其他业务，公司就与他签订了以完成项目为期限的劳动合同。半年后，项目完成，杨经理通知陈先生劳动合同即将终止。当陈先生提出双方劳动合同终止，公司要支付经济补偿时，遭到拒绝。他反复与杨经理交涉，却被杨经理的说法搞蒙了。

冷静下来后，陈先生决定不能轻信杨经理的说法，要自己找到正确权威的解释。于是，他来到当地劳动保障监察机构咨询，自己究竟能否拿到经济补偿。

了解他的情况后，劳动保障监察机构工作人员告诉他，杨经理对法律的解释是错误的，项目制劳动合同与固定期限或无固定期限劳动合同虽有合同延续时间上的不确定性等不同，但在劳动者的权益保护方面，并无不同。《中华人民共和国劳动合同法实施条例》第二十二条规定，以完成一定工作任务为期限的劳动合同因任务完成而终止的，用人单位应当依照《中华人民共和国劳动合同法》第四十七条的规定向劳动者支付经济补偿。也就是说，和固定期限劳动合同一样，以完成一定工作任务为期限的劳动合同，劳动者同样有权在任务完成、劳动合同终止时根据实际工作年限获得经济补偿。因此，公司应当根据陈先生的实际工作时长，支付相当于半个月工资的经济补偿。

最终，经过劳动保障监察机构的执法，陈先生拿到了自己应得的经济补偿。

## 继续用工一年后才回复"同意辞职",回复有效吗?

　　劳动者提出辞职后仍正常工作,用人单位在一年后以其曾提出辞职为由要求其办理离职手续,这样的处理有效吗?不久前,苗先生被这个问题困扰。

　　这天,正在埋头工作的苗先生突然收到公司人力资源部王经理在内部系统中给他发来的一段话:"公司同意了你的辞职申请,请尽快来办手续。"这个通知让他觉得有些没头没脑:"辞职?公司不会发错人了吧?"他仔细想了想，这才想起来，一年前，自己的确给公司写过一份辞职信。当时他与自己的上级意见不合，正在气头上的他愤而向公司提出辞职，但当时公司并未批复。等怒气逐渐平息后，他也就恢复了正常工作，而公司也未提及对他的辞职要求如何处理。一年来，他渐渐淡忘了当初曾辞职的事。可是公司这时候批复他的辞职信，让他很是不解。他来到人力资源部，向王经理解释自己现在并无意离职。但王经理让他必须走人，公司已经找好了接替他岗位的候选人，并告诉他："是你自己提出辞职的，公司不需要支付经济补偿！"

苗先生这才知道，原来当时公司没有反应，是因为找不到能接替他的人。苗先生反复据理力争，但仍然无法改变公司的态度。莫名其妙被"炒"，还连补偿都没有，让他无法接受。于是，他以公司违法解除劳动合同为由申请劳动争议仲裁，要求裁决公司支付赔偿金。在劳动争议仲裁委员会审理过程中，公司提交了他一年前的辞职信，主张他是主动辞职的，公司不过是依法批复同意。

让苗先生高兴的是，劳动争议仲裁委员会支持了他的诉求。劳动争议仲裁委员会认为，辞职权是形成权，在劳动者辞职的意思表示到达用人单位时辞职效果即成立，但这并不表示只要是劳动者提出的辞职，用人单位就可以有无限期的处理主动权。一年前，苗先生虽主动提出辞职，最终却继续上班，公司也一直并未为其办理解除劳动合同事宜，应视为苗先生收回了辞职的意思表示，而公司也默许了，双方就继续履行劳动合同达成一致。公司一年后提出要苗先生离职，已属于公司方主动提出解除劳动合同，此时双方即使协商一致解除，公司也应支付经济补偿。但公司却在拒绝协商也拒绝支付补偿的情形下解雇苗先生，已构成违法解雇，理应支付赔偿金。

## 协商解除合同后公司又要求返岗，职工可以拒绝吗？

"公司明明都已经和我谈好了经济补偿，也给我发了工作交接方案，我履行了双方约定，这会儿又叫我返岗，是在戏弄我吗？"接到公司的返岗通知，小张气不打一处来，立刻给公司人力资源部打去了电话，质问公司怎么能出尔反尔。

小张本是公司销售部的职工。不久前，公司由于经营策略转变，要对销售团队进行调整，于是和小张协商，想让他转岗到行政部门。小张考虑到自己一直做销售，行政类的工作可能无法承担，而且行政岗位的薪资也不如销售岗位灵活，所以拒绝调岗。于是公司又与他协商解除劳动合同，小张慎重考虑后同意了。双方协商好了具体的经济补偿数额，公司向他提供了工作交接方案，其中写明小张在30天的交接时间结束后，即可到公司结算工资、拿到经济补偿，公司也会立即为他出具解除劳动合同证明和办理档案转移。小张根据方案，认真地将自己的工作交接给了同事，并在这期间和另一家单位达成了就业意向。转眼约定的时间快到了，公司人力资源部却又通知他，公司决定继续履行他与公司的原劳动合同，他仍然从事销售工作，协商解除劳动合同一事作废，要求小张在3天内返岗，否则将以旷工论处。已经找好下一份工作的小张自然不可能再返岗，他与公司据理力争，要求公司按照原先的约定办理离职手续。公司却表示，只要公司还没给小张出具解除劳动合同证明、办理档案转移，双方劳动关系就不算正式解除，原先达成的约定可以作废，公司当然可以恢复履行合同，对他进行管理。

无奈之下，小张申请劳动争议仲裁，要求公司依约办理离职手续、支付相关的经济补偿和工资。让他欣慰的是，劳动争议仲裁委员会支持了他的请求。劳动争议仲裁委员会认为，《中华人民共和国劳动合同法》第三十六条规定，用人单位与劳动者协商一致，可以解除劳动合同。该法第五十条规定，用人单位应当在解除或者终止劳动合同时出具解除或者终止劳动合同的证明，并在15日内为劳动者办理档案和社会保险关系转移手续；劳动者应当按照双方约定，办理工作交接，用人单位依照本法有关规定应当向劳动者支付经济补偿的，在办结工作交接时支付。公司发给小张的工作交接方案表明，双方已经达成了解除劳动合同的一致约定，这一约定对双方都有约束力，任何一方都不能单方面反悔。而且小张已经依约进行了工作交接，即使公司还没有正式办理离职手续，也不意味着约定可以作废，公司应当依约处理相关事宜。

经过维权，小张终于拿到了自己应得的经济补偿与工资，也办理了相关的手续。

## 劳动者欺诈导致服务期协议提前解除，应该付违约金吗？

"我有错在先，公司解除了我的劳动合同，我也认了，但现在又要我支付什么违反服务期约定的违约金，凭什么？服务期未满就离开公司，又不是我造成的！"在收到解除劳动合同通知，得知自己不仅要丢"饭碗"，还要支付违约金后，范某急了，在公司人力资源部闹了起来。

范某是在一年前入职这家科技公司的。当时，公司要招聘一位技术副总监，而范某提供的学历学位证书和工作履历完全符合公司的录用条件，加上他面试时对技术问题谈得头头是道，公司很快决定与他签订3年期劳动合同。并且，为了留住范某这种难得的人才，公司不仅没有与他约定试用期，还送他去外地参加了4个月的专业技术培训，并签订了5年期的服务期协议，并约定了违约金。

没想到在范某培训回来正式上岗后，公司却发现他在工作中错漏频出，对技术问题的处理远没有达到与工作履历相符的水平。公司因此起疑，这才想起要对他进行背景调查。一调查才发现，原来范某的学历与工作履历大都是伪造的。公司为了及时止损，决定与范某解除劳动合同，并因双方服务期约定提前解除，要求范某支付相关违约金。这引起了范某的不满。

由于公司坚持向范某索赔，而范某坚持不赔，双方发生了争议，公司申请了劳动争议仲裁。在劳动争议仲裁处理中，范某仍坚持服务期协议解除不是因为自己造成的，自己没有义务支付违约金。

最终，劳动争议仲裁委员会支持了公司的请求。劳动争议仲裁委员会认为，《中华人民共和国劳动合同法》第二十二条规定，用人单位为劳动者提供专项培训费用，对其进行专业技术培训的，可以与该劳动者订立协议，约定服务期。劳动者违反服务期约定的，应当按照约定向用人单位支付违约金。违约金的数额不得超过用人单位提供的培训费用。用人单位要求劳动者支付的违约金不得超过服务期尚未履行部分所应分摊的培训费用。《中华人民共和国劳动合同法实施条例》第二十六条规定，有下列情形，用人单位与劳动者解除约定服务期的劳动合同的，劳动者应当按照劳动合同的约定向用人单位支付违约金：劳动者以欺诈、胁迫的手段或者乘人之危，使用人单位在违背真实意思的情况下订立或者变更劳动合同的。本案中，科技公司向范某提供了专业技术培训，因此约定服务期和违约金是合理合法的。公司因发现范某在订立劳动合同时存在欺诈行为而解除劳动合同，也是合法的，在此情形下服务期协议当然也就提前解除了，这是因范某自始就存在欺诈行为。根据上述法条规定，公司可以要求范某支付相应的违约金。

就这样，范某为自己的欺诈行为承担了法律责任。

## 对被退回的劳动者,派遣公司可以与他直接解除劳动合同吗?

"我们想知道,对用工单位退回来的职工,我们能直接解除劳动合同吗?"最近,某地劳动保障监察机构接待了前来咨询的某劳务派遣公司业务主管刘经理。

原来,半年前,这家劳务派遣公司向一家客户公司派遣了一批门店销售岗位职工。最近,客户将其中几名劳务派遣职工退了回来,退工理由是这几名劳动者"责任心差、上手慢、业务能力低,多次指导仍无提升"。看到这些理由,刘经理不知该如何与客户进一步沟通,也不知是否可以从用工单位退回为由直接与这些劳动者解除劳动合同。两难之下,他便找到了劳动保障监察机构。

劳动保障监察机构工作人员详细了解劳务派遣公司与用工单位的沟通情况后告诉刘经理,用工单位的退工理由均为劳务派遣职工的工作表现不符合要求,属于以不胜任工作为由退回劳动者。《中华人民共和国劳动合同法》第四十条规定,劳动者不能胜任工作，经过培训或者调整工作岗位，仍不能胜任工作的，用人单位提前 30 日以书面形式通知劳动者本人或者额外支付劳动者 1 个月工资后，可以解除劳动合同。该法第六十五条规定，被派遣劳动者有本法第三十九条和第四十条第一项、第二项规定情形的，用工单位可以将劳动者退回劳务派遣单位，劳务派遣单位依照本法有关规定，可以与劳动者解除劳动合同。

但本案中，劳务派遣公司能否直接与劳动者解除劳动合同，还要看用工单位的退工理由与流程是否合法。

首先，要看用工单位有没有绩效考核方面的证据来证明这几名劳务派遣职工"责任心差、上手慢、业务能力低"。其次，在证据成立的前提下，还要看用工单位在退回前是否进行了培训或调岗，只有这种情况下劳动者仍显示为不胜任工作的，才可退回。因此，退工理由中的"多次指导"是否属于培训，"仍无提升"是否有具体表现等，都需要劳务派遣公司与用工单位进一步沟通，索要具体证据。最后，在明确上述两个方面均合法后，劳务派遣公司需要提前 30 天书面通知或额外支付劳动者 1 个月工资后才可解除劳动合同，同时需要依据劳动者工作年限支付经济补偿。

《劳务派遣暂行规定》第二十四条、《中华人民共和国劳动合同法》第九十二条规定，用工单位违法退回被派遣劳动者的，给被派遣劳动者造成损害的，劳务派遣单位与用工单位承担连带赔偿责任。劳务派遣公司如果没有按照上述步骤理清退工缘由就直接解除劳动合同，很可能会面临认定为违法解除劳动合同、支付赔偿金的法律风险。这样一来，劳务派遣公司和用工单位都可能要"吃官司"。

听了劳动保障监察机构工作人员的解释，刘经理对于如何与用工单位沟通，心里终于有了数。

**通过微信辞职，算书面解除劳动合同吗？**

"我不过是用微信表达了一下我的情绪，还没正式写书面申请呢，公司怎么能赶我走？"听到公司人力资源部向自己传达离职交接的安排时，章某觉得非常委屈。

章某和自己的部门经理一向合不来。几天前，他又和部门经理因为某个项目该如何操作吵了一顿。在吵架时，部门经理说他"干不下去还非赖着"，一气之下，章某向分管他所在部门工作的公司副总发去一条微信，称因部门经理和自己在工作中存在严重分歧，自己提出辞职。副总回复他："已收到!

正在处理。"章某以为副总会处理他和部门经理之间的矛盾，没想到第二天，就接到了人力资源部的通知，称公司已安排了离职手续，请他配合。章某这才知道公司根本没打算挽留自己。于是，他提出，自己并不是真的要辞职，用微信辞职也算不上"书面解除劳动合同"，公司安排离职手续，等于是单方解除劳动合同。但人力资源部却没有接受他的解释，坚称他已主动辞职。

章某申请了劳动争议仲裁，以自己仅以微信发泄情绪、没有书面辞职，公司却单方解除劳动合同为由，请求裁定公司继续履行劳动合同。

但是，劳动争议仲裁委员会驳回了他的请求。

劳动争议仲裁委员会认为，《中华人民共和国劳动合同法》第三十七条规定，劳动者提前30日以书面形式通知用人单位，可以解除劳动合同。对于"书面形式"，《中华人民共和国民法典》第四百六十九条规定，以电子数据交换、电子邮件等方式能够有形地表现所载内容，并可以随时调取查用的数据电文，视为书面形式。最高人民法院《关于适用〈中华人民共和国民事诉讼法〉的解释》第一百一十六条规定，电子数据是指通过电子邮件、电子数据交换、网上聊天记录、博客、微博客、手机短信、电子签名、域名等形成或者存储在电子介质中的信息。最高人民法院《关于民事诉讼证据的若干规定》第十四条规定，电子数据包括手机短信、电子邮件、即时通信、通讯群组等网络应用服务的通信信息。

根据上述法条，微信信息是通过即时通信应用服务保存的通信信息，因此也是书面形式的一种。章某通过微信提出辞职，其实也是使用书面形式提出辞职。在双方对该微信的真实性没有异议的前提下，可以认定章某辞职的意思表示已经到达公司，公司要求章某办理离职手续，并无不当。

## 保守商业秘密等于履行竞业限制义务吗？

"我遵守了和公司的协议，但他们却一直不给我补偿，这是不是违法了？"近日，某地劳动保障监察机构接待了一位劳动者陈先生，他想知道，自己是不是可以要求公司支付经济补偿。

陈先生在一家设备制造企业工作了5年，担任设计部总监。今年4月，他因个人原因辞职。在办理离职手续时，公司要求他在一份保密协议上签字，保证不将公司设计信息、产品信息、经营信息（包括正在完善中的产品新图纸等）泄露给第三方。

陈先生当时没想太多就签字了。但过了几个月之后，有朋友告诉他，他为公司保守商业秘密，就是履行了竞业限制义务，公司应该按《中华人民共和国劳动合同法》向他支付补偿。陈先生于是要求公司补发竞业限制经济补偿。公司拒绝了，他一怒之下来到当地劳动保障监察机构投诉了该公司。

在仔细了解了陈先生的诉求和双方

所签协议后，劳动保障监察机构工作人员告诉他，他签订的保密协议和竞业限制协议是有区别的，保守商业秘密和履行竞业限制义务是两个不同的法律概念。

劳动保障监察机构工作人员向陈先生解释，保护商业秘密，是用人单位的合法权益，因此，保密义务是法律直接规定或劳动合同的附随义务。无论什么岗位的劳动者，都应保守用人单位的商业秘密，不需要用人单位支付相应费用。而且，在劳动合同履行期间及终止后，劳动者的保密义务是延续的，劳动者不得利用用人单位的商业秘密从事个人牟利活动，非依法律规定或相关单位的允诺，不得披露、使用或允许他人使用其掌握的商业秘密。如因劳动者原因导致用人单位商业秘密泄露，用人单位可以追究劳动者的侵权责任。

而履行竞业限制义务则是源于劳动关系双方签订的竞业限制协议。《中华人民共和国劳动合同法》第二十三条、第二十四条规定，对负有保密义务的人员，用人单位可以与劳动者约定竞业限制条款，在解除或者终止劳动合同后不超过两年的时间内，上述人员不得入职与本单位生产或者经营同类产品、从事同类业务的有竞争关系的其他用人单位，或者自己开业生产或者经营同类产品、从事同类业务。在竞业限制期限内，用人单位需按月给予劳动者经济补偿，劳动者违反竞业限制约定的，应当按照约定向用人单位支付违约金。

从双方签订的协议来看，公司要求陈先生履行的是保密义务，协议中没有竞业限制条款，也就是说没有限制陈先生求职范围，他不用履行竞业限制义务，也就无权要求经济补偿。

"是我没弄清法律概念，我太糊涂了。"在劳动保障监察机构工作人员详细讲解之后，陈先生明白了自己和公司为何会产生误会。

## 解除竞业限制协议，公司该如何承担责任？

"这是在职期间我们双方协商后签订的协议，凭什么现在连协商都没有，说取消就取消？"收到前东家的解除竞业限制协议通知，卢先生十分气愤，给某科技公司打去电话提出疑问。

卢先生原是这家科技公司的技术总监。在职期间，双方签订了竞业限制协议，约定在劳动合同终止或解除后，卢先生需要在一年内履行竞业限制义务，在此期间，公司向卢先生每月支付 8 000 元的经济补偿。

双方的劳动合同到期时，公司通知卢先生不予续签。在办理完离职手续几天后，公司又给卢先生发来一份书面通知，告诉他不用再履行竞业限制义务了，双方的竞业限制协议解除。

这份通知让卢先生很不满，为了履行竞业限制协议，他在劳动合同快到期时就拒绝了几家猎头公司提供的同行业高薪职位。他觉得，公司这样做很不尊重他。为此，他打去电话，要求公司继续履约并按期支付竞业限制经济补偿，但都被公司拒绝。

一怒之下，卢先生提起劳动争议仲裁，以公司毁约为由，要求公司一次性支付一年内的竞业限制经济补偿。而公司也态度强硬，表示他离职才几天，竞业限制义务也只履行了几天，如今竞业限制协议已解除，公司一分钱也不会给。

在调解过程中，因为支付全年的竞业限制经济补偿还是一分钱都不用付，双方吵得不可开交。

最后，负责调解的劳动争议仲裁委员会工作人员没有完全支持他们中任何一方的观点，并向双方解释了法律规定。最高人民法院《关于审理劳动争议案件适用法律问题的解释（一）》第三十九条规定，在竞业限制期限内，用人单位请求解除竞业限制协议的，人民法院应予支持；在解除竞业限制协议时，劳动者请求用人单位额外支付劳动者 3 个月的竞业限制经济补偿的，人民法院应予支持。根据法条规定，在竞业限制期尚未开始也就是劳动者仍在职期间，用人单位可以要求解除竞业限制协议且无需支付经济补偿；在已进入竞业限制期后，用人单位主动解除竞业限制协议的，就需额外支付 3 个月的经济补偿了。因此，卢先生的公司主张竞业限制义务才履行了几天就无需支付经济补偿是不对的，卢先生主张一次性支付一年的经济补偿也是不对的，卢先生应获得 3 个月的经济补偿。

经过劳动争议仲裁委员会工作人员释法，双方都明白了竞业限制方面的相关权责，很快达成了调解协议，一场争议消弭了。

# 工资发放

从工资中扣除吃住费用,这种行为合法吗?
奖金"换马甲",员工离职后还能得到吗?
用制度规定加班费统一标准,这样做合法吗?
分支机构欠薪,集团公司应承担责任吗?
以"合作经营"之名欠薪,这样做违法吗?
项目没成功,可以扣发职工工资补偿公司损失吗?
病假职工的工资可否抵作"代班费"?
春节加班,补休可否代替支付加班费?

## 从工资中扣除吃住费用，这种行为合法吗？

这天，某地劳动保障监察机构接待了一位寻求帮助的劳动者小胡。她说，公司以她没有完成劳动定额为由，从基本工资中扣除了吃住的费用。"公司当初提供包吃包住的福利，让我觉得这份工作还挺好的，没想到居然是个'坑'！我能要回工资吗？"小胡对自己的诉求没有把握。

几个月前，小胡入职一家服装公司，在缝纫车间工作。公司和她签订的劳动合同约定，工资采用计件制，每月完成基本定额，就可以拿到基本工资，超出部分按多劳多得另付奖金，同时，公司包吃包住。小胡刚开始以为基本定额并不难达到，可没想到，因为技能不熟、公司的定额又制定得高，她得加班加点才勉强完成每月的任务。上个月，小胡的身体终于吃不消了，在工作中动作也慢了一些，导致当月没有完成基本定额。公司以她没有完成基本定额为由，决定在发放当月的工资时，扣除公司提供的

吃住项目费用，导致她的工资还达不到当地最低工资标准。小胡提出疑问，公司却以"包吃包住的福利不能养闲人"为由生硬地回复了她，小胡因此来到劳动保障监察机构寻求帮助。

了解双方的约定和小胡的工作情况后，劳动保障监察机构工作人员告诉她，公司的做法是错误的。首先，公司实行包吃包住，是给予职工的一种福利，并不是工资的组成部分，不能在工资中扣除福利费用。其次，公司也没有与她约定如完不成劳动定额就不提供包吃包住的福利，这样擅自扣款属于克扣工资行为。最后，《最低工资规定》规定，劳动者在法定工作时间或依法签订的劳动合同约定的工作时间内提供了正常劳动的前提下，用人单位依法应按照不低于最低工资标准的标准支付劳动报酬；实行计件工资或提成工资等工资形式的用人单位，在科学合理的劳动定额基础上，其支付劳动者的工资不得低于相应的最低工资标准。因此，在小胡提供正常劳动的前提下，公司以低于最低工资标准发放工资，同样也违反了法律。

经过劳动保障监察机构工作人员上门执法，小胡拿到了自己应得的工资。

## 奖金"换马甲",员工离职后还能得到吗?

明明是自己的劳动所得,却因为被公司用其他名称掩盖了本来面目,导致自己离职时拿不到应得的报酬,小张对此十分郁闷。

一年前,小张入职这家食品公司,担任销售业务员,双方劳动合同约定,工资构成为底薪 2 000 元加业绩奖金,业绩奖金又包括基本奖金和"拓展费"。其中,底薪是固定的,只要小张完成基本销售业务即可获得业绩奖金,而"拓展费"则是根据他每个月的销售业绩,按照公司的绩效细则来折算具体的金额。当月工资在结算后于下个月 15 日发放。

不久前,小张因为自身原因辞职,公司同意了。但到了第二个月,小张拿到工资时却发现,公司只支付了底薪和业绩奖金中的基本奖金,并没有支付自己上月的"拓展费"。小张去找公司理论,问为什么自己上月明明有业绩,公司却不给他结算"拓展费"?公司的理由是:公司有权根据生产经营情况自主确定工资分配制度,"拓

107

展费"虽然和业绩相关，也写在工资条目里，但从它的名称就可以看出来，这是用来鼓励职工继续拓展业务的，因此是公司对仍然在职且业绩突出的职工的福利，并不属于公司必须支付的基本工资和奖金。小张已离职，自然没有资格拿到。

小张不同意公司的说法，于是提起仲裁，要求认定"拓展费"属于劳动报酬，公司应予补发。

最终，劳动争议仲裁委员会支持了他的请求。劳动争议仲裁委员会认为，不能以名称来断定一笔费用是否属于劳动报酬。在小张与公司的劳动合同实际履行过程中，双方已经形成了根据每月销售业绩发放"拓展费"的事实。它是根据劳动者的每月销售业绩折算出来的，因此，这笔费用的产生与具体数额源于劳动者付出的劳动，应属于劳动报酬的一部分。小张离职并不影响其已付出劳动应得的劳动报酬，公司不予发放，显然构成了无故克扣劳动者工资。

最终，公司用"换马甲"的方式，也没能赖掉应付的工资。

## 用制度规定加班费统一标准，这样做合法吗？

"我算过了，根据我的工资标准，休息日加班费至少也应该是每天 400 多元。公司现在才给我每天 280 元，这不是占我的便宜吗？""你可别瞎说，加班费给多少钱，这可是由公司根据民主程序制定的制度规定的，大家都按这个来，怎么到了你这里就成占便宜了呢？"虽然劳动关系解除了，但贾某和公司人力资源部刘经理还在为该不该补发加班费吵个不停。

贾某所在的公司一年前通过民主程序修改了薪酬制度，其中关于加班费发放标准，规定职工周六、周日加班又不能安排调休的，按照每人每天 280 元的标准发放加班费。贾某是公司行政部门职工，工资标准为每月 5 000 元。2023 年年底，贾某由于为公司操持年会，经常在休息日加班，公司均按薪酬制度发放了加班费。但是最近，贾某因个人原因提出辞职时，要求公司按照法定标准支付加班费差额。这让刘经理吓了一跳：明明公司有制度标准，哪又跑出一个"法定标准"？为此双方争执

起来。刘经理坚持公司按照民主程序制定的薪酬制度是有效的，就应该依据这个标准发。无奈之下，贾某提起劳动争议仲裁申请，要求裁决公司按照法定的工资标准重新计算和补发加班费差额。

在调解仲裁阶段，代表公司应诉的刘经理在开始时仍然坚持自己的观点，认为加班费标准可以统一以制度形式固定下来。但劳动争议仲裁委员会工作人员却告诉他，加班费还真是需要因人而异，有关加班费的规章制度也必须合法才有效。《中华人民共和国劳动法》第四十四条和《工资支付暂行规定》第十三条对加班费的计发有强制性规定。其中，对于休息日安排劳动者工作又不能安排补休的，应支付不低于其日或小时工资的200%的工资报酬。这是用人单位支付劳动者加班费的最低标准。本案中，公司制度中对加班费支付采取统一的定额标准模式，没有考虑到由于每位职工的月工资标准不同，加班费的计发基数也是不同的。当某位职工月工资较高，以其月工资标准为基数并按法定的双休日加班费计发公式计算，其应得加班费高于公司制度中规定的定额标准时，公司以定额标准支付的行为就违法了。此时这个制度条款就属于无效。贾某就属于这种情况。因此，公司应当依据法律规定，按照法定的计算方式（5 000元÷21.75×2）计算贾某应得的双休日每日加班费，并补发差额。

劳动争议仲裁委员会工作人员的说法和说理让刘经理心服口服，公司最终与贾某握手言和，公司依法补发了加班费。

## 分支机构欠薪，集团公司应承担责任吗？

"请问，超市欠了我们的工资，上级集团公司难道没有责任支付吗？我们能不能告他们？"这天，某地劳动争议仲裁委员会立案窗口的工作人员接待了劳动者小周和他的几位同事。

小周和他的几位同事在某零售集团公司下属的一家超市担任售货员。最近几个月，该超市在经营中遇到困难，每个月都会拖欠售货员的一部分工资。超市虽然承诺会很快结清，但直到最近也没有兑现，而且还作出了因现金流短缺停止营业的决定。小周和同事们找不到超市的管理层，于是前去零售集团公司总部"讨说法",集团公司的人力资源部门负责人却回复他们称,这家超市虽然是集团公司的分支机构,但它是自主经营、自负盈亏的,集团公司没有义务代付工资。碰壁的小周和同事们只好来到劳动争议仲裁委员会,希望能通过法律手段维权。

受理案件后,劳动争议仲裁委员会迅速安排工作人员与集团公司沟通,组织调解工作。在调解过程中,劳动争议仲裁委员会工作人员的释法给小周他们吃下了定心丸。劳动争议仲裁委员会工作人员告诉双方,集团公司的分支机构欠薪,集团公司理应担责。《劳动人事争议仲裁办案规则》第六条规定,发生争议的用人单位未办理营业执照、被吊销营业执照、营业执照到期继续经营、被责令关闭、被撤销以及用人单位解散、歇业,不能承担相关责任的,应当将用人单位和其出资人、开办单位或者主管部门作为共同当事人。最高人民法院《关于民事执行中变更、追加当事人若干问题的规定》第十五条规定,作为被执行人的法人分支机构,不能清偿生效法律文书确定的债务,申请执行人申请变更、追加该法人为被执行人的,人民法院应予支持。从这些规定可以看出,超市作为集团公司的分支机构,如果因欠薪等问题与劳动者发生争议但却无法承担责任的,集团公司也要作为当事人参与仲裁、诉讼并被追责。而且,《中华人民共和国民法典》第七十四条规定,法人可以依法设立分支机构,分支机构以自己的名义从事民事活动,产生的民事责任由法人承担;也可以先以该分支机构管理的财产承担,不足以承担的,由法人承担。如果超市的财产不足以支付职工的劳动报酬、经济补偿、社会保险待遇等因劳动关系而需支付的债务时,应当由集团公司支付。因此,集团公司不能以其分支机构自负盈亏为由,逃避保障超市职工合法权益的责任。

经过劳动争议仲裁委员会的尽心调解,集团公司答应承担责任,小周等人终于拿回了自己应得的工资。

# 以"合作经营"之名欠薪，这样做违法吗？

"你自己想想，当初公司和你签的是不是合作协议？既然是合作经营，你和公司就是合伙关系，当然要共担盈亏。这两个月公司有亏损，你的工资就是帮公司分担亏损了，哪有什么欠薪？"眼看公司"倒打一耙"，江先生真是气不打一处来。

半年前，江先生入职这家公司的市场部，担任项目经理。公司要求他签订一份名为"合作协议"的合同，合同中写明双方是为了建立合作经营关系、共担盈亏而订立合同，但主要内容却涉及公司对江先生的管理权利和江先生的劳动义务，其中包括江先生的岗位职责、工作义务、劳动报酬等。其中还特别写明，他的劳动报酬分为基本工资和绩效工资。江先生觉得这份合同有些不伦不类，但是公司却坚持要求他签字，否则就不能录用他，江先生只能照办。但半年后，公司却出现了欠薪行为，江先生连续两个月没有拿到自己应得的绩效工资。江先生去找公司人力资源部，却得到了"双方是合作关系，理应共

113

担亏损"的回复。江先生这才反应过来,当初公司给自己埋了一个陷阱。可是,难道仅凭一个名为"合作协议"的合同,用人单位就可以既对劳动者实行用工管理,又要求劳动者作为合伙人以工资填补公司损失吗?江先生越想越不对劲,于是来到当地劳动保障监察机构投诉。

了解情况后,劳动保障监察机构工作人员告诉他,公司的做法是严重违法的,公司不能以"合作经营"之名行用工管理之实、发生亏损后又主张双方是合伙关系。从江先生提供的劳动合同来看,虽然这份合同名为"合作协议",但里面的内容条款指向的都是劳动关系,表明江先生要接受公司的管理、遵守公司的制度,根据自己的劳动付出从公司领取基本工资、绩效工资等劳动报酬。而且,合作经营要求双方共同出资、共担风险,但合同中既未体现出双方的出资比例,也未约定共担风险的具体方式。这表明公司主张的合伙关系并不存在,"合作协议"之名不能掩盖劳动关系下的用工之实。因此,公司发生亏损时,不能要求江先生以合伙人的身份分担损失,更不能以欠薪的方式直接将劳动者工资挪用于弥补经营损失。

最终,经过劳动保障监察机构工作人员上门执法,江先生终于拿到了自己应得的工资。

## 项目没成功，可以扣发职工工资补偿公司损失吗？

"我们该注意的环节一点没疏忽，项目没有得到认证也不是我们直接造成的，凭什么扣我们的钱？""领导应该分析认证没通过的主客观因素，怎么不问青红皂白什么后果都让我们担着？""当初也没说失败要扣钱，这是整哪一出？"项目组成员七嘴八舌提出疑问，让刘经理很不耐烦："行了！当初答应大家项目成功了会有奖金，同样的道理，项目出了问题自然也得大家来承担责任，哪能净想好事？"刘经理的"一锤定音"，让大家很不满。

不久前，这家公司为了申请一项所在行业的权威产品认证，特意召集技术骨干和一线生产能手成立项目组，由项目发展部经理刘经理带领项目组进行技术攻关。为了鼓励项目组成员，刘经理代表公司承诺，认证通过后，公司会给他们每人都加薪。听到这样的承诺，项目组人人干劲十足，加班加点地完善各种细节。

最终，由于种种因素，这项认证没有通过。在项目组成员沮丧之余，刘经理给了他们又一个打击：经过管理层会议讨论，公司决定要扣每个项目组成员的当月工资200元作为惩罚和对公司损失的赔偿。这让大家"炸了锅"，于是就有了开头的那一幕。刘经理虽然回应了项目组成员的质疑，却没能让大家服气。成员们不知该用什么理由继续和公司交涉，于是派出代表来到当地劳动保障监察机构，反映了这个情况。

劳动保障监察机构工作人员了解情况后告诉代表，公司的做法是错误的。根据《工资支付暂行规定》，因劳动者本人原因给用人单位造成经济损失的，用人单位可按照劳动合同的约定要求其赔偿经济损失。但公司既未与劳动者约定如果认证没通过项目组如何承担责任，也没说出认证没通过具体给公司造成了何种损失，更没有明确认证没有通过与项目组成员的工作之间有何直接联系，因此公司扣工资的做法构成了克扣行为。而且，作为用人单位，公司不能将所有的经营风险都转嫁给职工承担，即使导致认证没有通过的因素中确实包括项目组成员的过错，公司也应该根据法律规定，根据项目组成员工作失误的大小比例恰当分配责任承担比例，而不是自己随意说了算。

最终，在劳动保障监察机构工作人员执法过程中，公司拿不出克扣工资的任何制度依据与事实依据，于是收回了克扣工资的决定。

## 病假职工的工资可否抵作"代班费"?

"我从没有听说过公司有这样的制度!即使有,这也太不合理了,哪有扣病假职工工资来做什么'代班费'的道理?"听了公司人力资源部的解释,小谭十分不满。

不久前,小谭在周末外出时遭遇交通事故受伤,医院建议他休息一个月。小谭在内部系统中提交了病假申请,公司批准了。但返岗上班后,他才发现,自己休假那一个月的工资被扣了。小谭向人力资源部提出申诉,人力资源部反馈他称,根据公司病假管理制度,因他并非因工受伤,他不上班必然会导致所在岗位缺员，公司必须安排他人代班，并多支付一份工资作为"代班费"，这对公司是额外的负担。因此公司虽同意小谭请假，却要扣除他在休假期间的全部工资，用于支付这份"代班费"。

对公司的这种做法，小谭据理力争，但人力资源部坚称是公司新出台的制度规定。无奈之下，小谭来到当地劳动保障监察机构，咨询自己该如何维权。

了解小谭的遭遇后，劳动保障监察机构工作人员告诉他，公司的做法是错误的。《企业职工患病或非因工负伤医疗期规定》第三条规定，企业职工因患病或非因工负伤，需要停止工作医疗时，根据本人实际参加工作年限和在本单位工作年限，可享受3个月到24个月的医疗期。《关于贯彻执行〈中华人民共和国劳动法〉若干问题的意见》规定，职工患病或非因工负伤治疗期间，用人单位不能与劳动者解除劳动合同，并且要支付不低于最低工资标准80%的病假工资或疾病救济费。因此，小谭休病假的一个月应属于医疗期，公司无论有没有找人"代班"，都不能扣发他的全部工资，应该依法支付病假期间的待遇。

工作人员还告诉小谭，公司的这项病假制度，不仅内容违法，程序也是违法的。《中华人民共和国劳动合同法》第四条规定，用人单位在制定、修改或者决定直接涉及劳动者切身利益的规章制度或者重大事项时，应当经职工代表大会或者全体职工讨论，提出方案和意见，与工会或者职工代表平等协商确定；用人单位应当将直接涉及劳动者切身利益的规章制度和重大事项决定公示，或者告知劳动者。病假待遇制度事关劳动者切身利益，小谭所在公司理应履行上述民主程序。可是小谭根本不知道这个新出台的制度，说明其制定程序就不合法，不能作为管理依据。

最终，经过劳动保障监察机构工作人员执法并向公司释明法律规定，小谭终于拿回了自己应得的病假待遇，公司也宣布废除违法的病假管理制度。

## 春节加班,补休可否代替支付加班费?

临近春节,作为某公司质检部主管的小王开始计划春节期间与家人一起的休假安排,但公司的两份通知却让他产生了不满。

几天前,公司临时发布通知,由于近期订单猛增,包括质检部在内的多个生产部门都要在春节假期加班。这给小王的休假计划浇了一桶冷水。"不过,能利用春节假期多赚点加班费也不错!"小王刚这么安慰自己,又收到了公司的另一份通知:春节假期加班的,不再另行计算加班费,由公司在2月下旬安排补休。这让小王既疑惑又不满,不仅不发加班费,对他来说意味着春节加班白忙活,而且2月下旬他的家人都返岗上班了,也无法再和他一起休假。小王想知道,用人单位在春节假期安排加班,可以统一以补休代替支付加班费吗?

为此,小王拨打了当地人社部门的热线电话12333。人社部门工作人员告诉小王,安排加班后是否可以以补休代替支

付加班费，不能一概而论。《中华人民共和国劳动法》第四十四条规定，有下列情形之一的，用人单位应当按照下列标准支付高于劳动者正常工作时间工资的工资报酬：（1）安排劳动者延长工作时间的，支付不低于工资的百分之一百五十的工资报酬；（2）休息日安排劳动者工作又不能安排补休的，支付不低于工资的百分之二百的工资报酬；（3）法定休假日安排劳动者工作的，支付不低于工资的百分之三百的工资报酬。因此，只有在休息日安排加班才能以安排补休代替支付加班费。而春节假期则包括了休息日和法定休假日，在此期间加班，不能统一安排补休。春节假期中，属于春节法定休假日的，在这几天组织加班，应当按三倍工资标准计发加班费，不能以补休代替；而春节假期的其他几天，是休息日或将临近的休息日调换过来的，对这几天的加班，可以安排补休。

　　详细了解规定后，小王有了底气，他和其他同事一起向公司提出意见。公司也希望过年期间能够顺利地留住职工完成订单，于是根据法律规定修改了加班补偿方面的安排，给职工们吃下了定心丸。

# 劳动保护与工伤保险权益

为保证出勤去亲戚家吃饭，途中出车祸属于工伤吗？
出车期间疲劳驾驶发生事故，能被认定为工伤吗？
在外地项目工地受伤，劳动者如何申请工伤认定？
公司解散清算时"忘了"支付工伤待遇，谁该承担责任？
用人单位可以隐瞒职工的职业健康检查结果吗？

## 为保证出勤去亲戚家吃饭，途中出车祸属于工伤吗？

这天，某地人社部门接待了一位拄着拐杖的劳动者齐某。

齐某是一家服饰公司的生产车间职工。几个月前，这家公司接到一笔订单，为完成生产任务，要求生产线职工在中午 12 点下班后，休息 1 小时，下午 1 点即要到岗上班，并规定这一出勤时间安排将持续一个月。由于齐某的家距离公司较远，他担心自己回家吃饭难以按时到岗，就和住在公司附近的一位亲戚约定，这一个月的午饭都到这位亲戚家解决。有一天，在午休去亲戚家吃饭途中，齐某遭遇交通事故受伤。交警部门认定，对方司机负事故的全部责任。齐某想让公司为他申请工伤认定，但公司拒绝，理由是他在去亲戚家途中受伤，并不是下班途中，不算工伤。齐某很郁闷，为此来到当地人社部门咨询，自己能否申请工伤认定。

了解齐某的情况后，人社部门工作人员告诉他，公司的说法是错误的，他属于"职工在上下班途中，受到非本人主要责任的交通事故伤害"的情形。

这是因为，人力资源社会保障部《关于执行〈工伤保险条例〉若干问题的意见（二）》规定，职工以上下班为目的、在合理时间内往返于工作单位和居住地之间的合理路线，视为上下班途中。最高人民法院《关于审理工伤保险行政案件若干问题的规定》第六条规定，对社会保险行政部门认定下列情形为"上下班途中"的，人民法院应予支持：（1）在合理时间内往返于工作地与住所地、经常居住地、单位宿舍的合理路线的上下班途中；（2）在合理时间内往返于工作地与配偶、父母、子女居住地的合理路线的上下班途中；（3）从事属于日常工作生活所需要的活动，且在合理时间和合理路线的上下班途中；（4）在合理时间内其他合理路线的上下班途中。根据上述规定，对"上下班途中"的认定，应当考虑三个要素：以上下班为目的、在正常的上下班时间内、在合理的上下班路线上。由于公司对出勤时间的特殊安排，齐某中午下班后只能去附近解决午饭，他与亲戚约定了这一个月内去亲戚家吃午饭，因此，这一个月的中午，公司与亲戚家之间的路线应属于齐某的合理上下班路线。因此，齐某在中午下班时间，以下班吃午饭为目的，在去亲戚家的路线上发生非本人主要责任的交通事故而受伤，应认定为工伤。

在人社部门工作人员的指导下，齐某自己申报了工伤，并获得认定。

## 出车期间疲劳驾驶发生事故，能被认定为工伤吗？

"当时我是体谅公司的难处才答应出车的，怎么现在出了事，公司就甩手不管呢？"林某实在想不通，自己虽在交通事故中承担全部责任，可也是为了公司利益，为什么公司会拒绝为他申请工伤认定。

林某是一家公司的驾驶员，有多年的驾驶经验，公司送货需要途经难走的路或开夜车时，都首先考虑让他去。不久前，公司要运一批货物到外省，路途较长、任务较急，需要司机连夜开车，公司领导要求林某承担这一出车任务，并告诉他，由于人手紧张，没法给他配搭档。林某权衡了一下，考虑到这段路自己以前也常开，都平安无事，便接受了出车任务。没想到，在途中，他驾驶车辆发生车祸，自己受伤，货物也损毁大半。交警认定此次事故系林某疲劳驾驶所致，他应承担全部责任。

林某要求公司为自己申请工伤认定并支付相关工伤待遇。公司领导却认为，林

某疲劳驾驶导致交通事故，负全部责任，不应认定为工伤，而且林某因这次交通事故已经给公司造成重大经济损失，公司更不可能为他申请工伤认定。

公司领导说得"有理有据"，但林某却觉得有点不对劲。于是，他来到人社部门，询问自己能否申请工伤认定。

人社部门工作人员告诉他，根据他描述的情况，公司的说法是错误的，他可以被认定为工伤。公司认为劳动者在交通事故中负全部责任不能认定为工伤，实际上适用的是《工伤保险条例》第十四条第（六）项关于"在上下班途中，受到非本人主要责任的交通事故或者城市轨道交通、客运轮渡、火车事故伤害的"职工应认定为工伤的情形，但林某的受伤情形并非如此。他受公司指派出车，出车途中应视为因工外出期间，在这种情况下受伤，应适用《工伤保险条例》第十四条第（五）项关于"因工外出期间，由于工作原因受到伤害或者发生事故下落不明的"应认定为工伤这一情形。而且，工伤认定实行的是无过错原则，即只要受工伤职工不存在自杀和自残、醉酒和吸毒、故意犯罪这几项情形，就不因其本身过错影响工伤认定和获得工伤保险待遇。因此，虽然林某负事故的全部责任，也不影响他被认定为工伤。

在工伤认定过程中，经人社部门工作人员向公司释法，公司终于理解了林某系因工负伤，积极配合认定工作，并承诺在工伤认定决定正式作出后，会按照《工伤保险条例》的相关标准，承担相应责任。

# 在外地项目工地受伤，劳动者如何申请工伤认定？

"怪不得对我要求申请工伤认定的事支支吾吾，原来是根本就没有缴社保！"获知公司的做法后，小魏气不打一处来。

小魏是一家公司的新职工。刚入职他就被公司派去一个外地项目，负责工地上的管理工作。没想到，一次巡查工地时，他摔伤了。在住院期间，小魏给公司人力资源部负责人打去电话，要求公司为他在项目所在地申请工伤认定，人力资源部负责人却含糊其词，还劝告他"养好伤后回总部再申请"。小魏心生疑虑，多方打听才知道，原来公司有"潜规则"，只给入职一年以上的职工缴纳工伤保险费，而他入职还不到一年，公司没有给他缴费，只能用这种方式来拖延时间。

气愤之余，小魏决定要讨个公道。他向公司人力资源部负责人提出，如果公司不申请工伤认定，他就自己去，反正无论如何公司都得支付工伤待遇。负责人却提出，他要申请工伤认定，也只能回公司注册地，否则即使去了项目所在地人社部

127

门,也只能白跑一趟。这番说法又让小魏起了疑心,自己真的不能在项目所在地获得工伤认定吗?他给12333打去咨询电话,提出了自己的疑问。

了解他的情况后,人社部门工作人员告诉他,公司的说法是错误的,他绝不会"白跑一趟"。人力资源社会保障部《关于执行〈工伤保险条例〉若干问题的意见(二)》规定,用人单位注册地与生产经营地不在同一统筹地区的,原则上应在注册地为职工参加工伤保险;未在注册地参加工伤保险的职工,可由用人单位在生产经营地为其参加工伤保险;职工受到事故伤害或者患职业病后,在参保地进行工伤认定、劳动能力鉴定,并按照参保地的规定依法享受工伤保险待遇;未参加工伤保险的职工,应当在生产经营地进行工伤认定、劳动能力鉴定,并按照生产经营地的规定依法由用人单位支付工伤保险待遇。根据小魏的情况,他所在的项目所在地就是生产经营地,由于公司注册地与项目所在地不在同一地区,且公司未给小魏办理工伤保险,因此公司应给小魏在项目所在地申请工伤认定。如果他能够认定为工伤,公司也应当按照项目所在地的规定支付工伤待遇。

小魏将人社部门工作人员的解释原原本本转告给了公司人力资源部负责人,负责人这才"认怂",承诺马上为他申请工伤认定。

## 公司解散清算时"忘了"支付工伤待遇，谁该承担责任？

"公司注销了，我的工伤待遇怎么办？"这天，某地劳动争议仲裁委员会立案窗口接待了一位受工伤劳动者小王。

小王是某机械公司销售员。一年前，他在外出跑销售时遭遇车祸受伤，被认定为工伤，后鉴定为伤残六级。这一年来，他一直在治疗与休养中，难以上班，公司也始终没有支付工伤待遇。最近，公司负责人更是连他的电话都不接了。小王一打听才知道，公司居然因股东会决议解散而注销了。小王又托人查到，公司的工商档案材料显示，公司注销时的清算组成员为公司股东曹某、杨某，清算的结果是无债权债务。小王便分别打电话给曹某、杨某，询问他们公司打算怎样安排自己，可是曹某、杨某的回答都是："清算时忘了你的事了，但现在公司都没了，哪还能安排你？"

小王不懂什么清算、注销，只知道自己的待遇不能无缘无故没了，于是来到劳动争议仲裁委员会寻求帮助。劳动争议仲

裁委员会工作人员了解情况后告诉他，曹某、杨某作为清算组成员没有尽到义务，理应承担责任。在公司破产或解散清算过程中，尚未支付给职工的工伤待遇属于应优先清偿的"劳动债权"，受《中华人民共和国公司法》等相关法律的调整和保护。最高人民法院《关于适用〈公司法〉若干问题的规定（二）》第十一条规定，公司清算时，清算组应当将公司解散清算事宜书面通知全体已知债权人，清算组未按规定履行通知和公告义务，导致债权人未及时申报债权而未获清偿，债权人主张清算组成员对因此造成的损失承担赔偿责任的，人民法院应依法予以支持。《中华人民共和国公司法》第二百三十八条规定，清算组成员因故意或者重大过失给债权人造成损失的，应当承担赔偿责任。

公司清算组成员曹某、杨某均系公司股东，理应知道公司尚未支付小王的工伤待遇，却未依法将解散清算事宜通知到作为债权人的小王，还在清算材料中记载为无债权债务，存在重大过失甚至故意行为，应当承担赔偿责任。而且，《劳动人事争议仲裁办案规则》第六条规定，发生争议的用人单位解散、歇业，不能承担相关责任的，应当将用人单位和其出资人、开办单位或者主管部门作为共同当事人。因此，小王要主张工伤待遇，作为股东和清算组成员的曹某和杨某必须承担责任。

最后，在劳动争议仲裁委员会的帮助下，小王获得了法律援助，并通过绿色通道得到立案受理和裁决，很快拿到了自己的工伤待遇。

## 用人单位可以隐瞒职工的职业健康检查结果吗？

"你们这么做是违法的，如果不给我看检查结果，我就去举报公司，你们面临的经济处罚数额可不会小。"近日，在某家具制造公司，林某对公司负责人列举了自己从劳动保障监察机构工作人员那里了解到的法律规定。他的一番话，让公司负责人无话可说。

林某原在这家家具公司做喷漆工，不久前双方劳动合同即将到期，公司告知他不再续签。林某觉得自己因工作期间接触有害物质，健康状况不理想，也不想再干了。但在离职之前，他从工友那里打听到，像自己这种工种，可以要求公司提供离职前健康检查。

为了顺利终止合同，公司照办了。但在林某做完健康检查后，公司只告诉他检查结果没有问题，却拒绝给他书面报告。林某怀疑公司肯定隐瞒了什么，但对自己是否真的有权要求公司出示书面检查报告，他并没有把握。于是，林某来到当地劳动保障监察机构咨询。

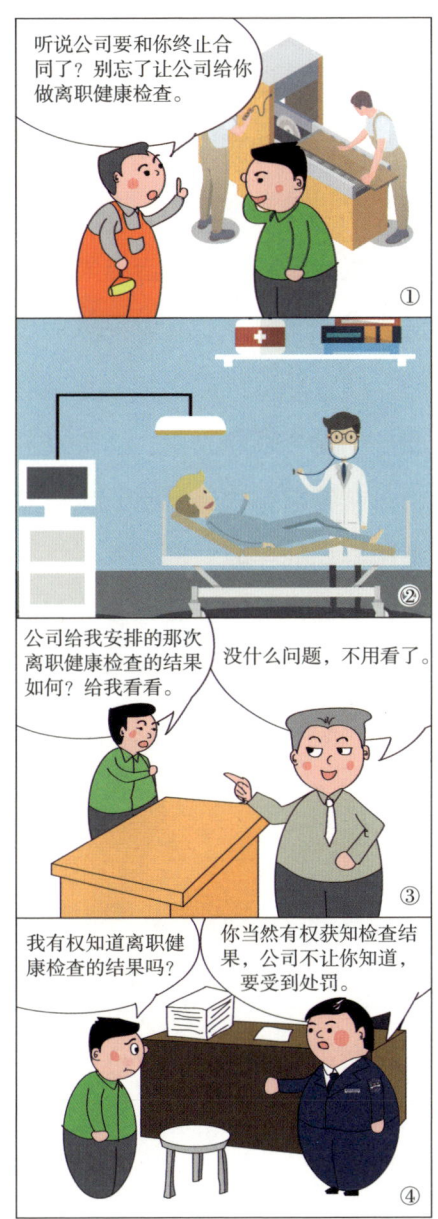

了解情况后，劳动保障监察机构工作人员告诉他，《中华人民共和国职业病防治法》第三十五条规定，对从事接触职业病危害的作业的劳动者，用人单位应当按照国务院卫生行政部门的规定组织上岗前、在岗期间和离岗时的职业健康检查，并将检查结果书面告知劳动者，职业健康检查费用由用人单位承担；对未进行离岗前职业健康检查的劳动者，用人单位不得解除或者终止与其订立的劳动合同。林某所在的家具制造公司作业场所存在诸多化学物品，尤其是喷漆环节，存在比较明显的职业危害隐患。所以，林某要求做离职健康检查并获知检查结果，是正当的。而且，《中华人民共和国职业病防治法》第七十一条规定，用人单位违反本法规定，未按照规定组织职业健康检查、建立职业健康监护档案或者未将检查结果书面告知劳动者的，由卫生行政部门责令限期改正，给予警告，可以并处5万元以上10万元以下的罚款。

了解了规定，林某心里有了底气，回到公司要求查阅检查结果，于是就有了开头那一幕。

公司负责人被法律规定震慑，不得不向林某出示了健康检查结果。结果显示，他的呼吸系统果然出现了问题。由于有法律的支持，林某顺利进入接下来的职业病诊疗程序，维护了自己的合法权益。

# 休息休假

以哺乳时间折抵年休假,这种做法违法吗?
用人单位可以要求职工提前结束产假吗?
辞职就没有年休假吗?
逾期未申请补休视为放弃,这样的规定合理吗?
每天迟来几小时,可以折抵年休假吗?
签订解除劳动合同协议后,公司还有责任安排年休假吗?
奖励旅游可以取代法定带薪年休假吗?

## 以哺乳时间折抵年休假，这种做法违法吗？

"你自己算算，每个工作日一个小时，4个多月就是80多个小时，按照每个工作日8小时计算，不就相当于多休息了10天吗？哪还有什么5天年休假？公司没让你把多休的天数找补回来，已经是对你的照顾啦！"

2023年5月，方女士休完产假后返岗上班。她因为当时仍在哺乳期，便向公司要求中午多休息一个小时，好回家给孩子哺乳。公司同意了。这样的状态持续了4个多月。到年底时，方女士想起自己当年还有5天的带薪年休假没有休，于是提出休假申请。但公司却回复称，她的年休假早就用完了。

原来，公司是将她哺乳期每天中午多休息一个小时的哺乳时间算进了年休假时长，这样算下来，她实际休息的时间远超过应休未休的带薪年休假。公司说，她再要求休假，就是"得寸进尺"了。

方女士满心疑惑，便来到当地劳动保障监察机构咨询，哺乳时间是否能折算为年休假时长？

劳动保障监察机构工作人员告诉她，公司的说法是完全错误的。《女职工劳动保护特别规定》第九条规定，对哺乳未满1周岁婴儿的女职工，用人单位不得延长劳动时间或者安排夜班劳动。用人单位应当在每天的劳动时间内为哺乳期女职工安排1小时哺乳时间；女职工生育多胞胎的，每多哺乳1个婴儿每天增加1小时哺乳时间。因此，哺乳期职工享受哺乳时间是法律赋予的权利，而不是公司给予的额外福利或"照顾"。并且，对于职工不享受当年年休假的情形，法律有明确规定。《职工带薪年休假条例》第四条规定，职工有下列情形之一的，不享受当年的年休假：（1）职工依法享受寒暑假，其休假天数多于年休假天数的；（2）职工请事假累计20天以上且单位按照规定不扣工资的；（3）累计工作满1年不满10年的职工，请病假累计2个月以上的；（4）累计工作满10年不满20年的职工，请病假累计3个月以上的；（5）累计工作满20年以上的职工，请病假累计4个月以上的。《企业职工带薪年休假实施办法》第六条则明确规定，职工依法享受的探亲假、婚丧假、产假等国家规定的假期以及因工伤停工留薪期间不计入年休假假期。由此可见，哺乳期职工每天1小时的哺乳时间并不在不享受当年年休假的情形范围内，而且其属于国家规定的假期，也不能计入年休假时长。

经过劳动保障监察机构工作人员上门执法，公司改正了错误的年休假规定，承诺依法安排方女士休假。

# 用人单位可以要求职工提前结束产假吗？

这天，某地劳动保障监察机构接待了一位还处于产假期间的劳动者冯女士。她对于能否保住自己的产假工资充满担忧："公司说，给我的每一分产假工资，都是其他人代我干活给公司挣回来的。如果我不按单位要求提前上班，公司自然有权把产假工资扣一半给别人。"

原来，冯女士所在公司没有为她办理生育保险，所以她生育后，由公司支付产假工资。这段时间由于人手紧张，冯女士所在公司出台了一个"鼓励女职工自愿减少产假提前上班"的新制度，规定如果女职工自愿减少产假一个月、提前上班的,增发一个月的工资作为奖励;如果仍要休满法定产假才返岗,则产假的最后一个月待遇减半。

接到出台新制度的通知,冯女士觉得,这根本不是"鼓励",而是侵权。她向公司表达了自己产后仍很虚弱,需要充分休息,不能在产假休满前返岗,希望公司能够体谅。但公司却回复称,如果她坚持如此,公司将按新制度执行。冯女士于是来到劳动保障监察机构咨询。她想知道自己的坚持对不对?公司是否有权减发产假工资?

劳动保障监察机构工作人员告诉冯女士,她的观点是对的,公司的这一新规的确是对"三期"(孕期、产期、哺乳期)女职工权益的侵犯。《女职工劳动保护特别规定》和各地相关法规对女职工的产假天数都有明确规定。同时,《女职工劳动保护特别规定》第八条规定,女职工产假期间的生育津贴,对已经参加生育保险的,按照用人单位上年度职工月平均工资的标准由生育保险基金支付;对未参加生育保险的,按照女职工产假前工资的标准由用人单位支付。因此,对于产假天数和产假期间的待遇,都有法律强制性规定,用人单位应当遵守,不得以任何理由剥夺或者减少女职工产假权益。冯女士所在公司的相关规定也因违反这些强制性规定而自始无效。她不需要执行公司关于提前结束产假的规定,公司也不能降低其产假工资。

最后,经过劳动保障监察机构工作人员上门释法,公司意识到了自己的错误,撤销了这条新规,冯女士可以安心休完自己的产假。

## 辞职就没有年休假吗？

"公司说，自行辞职和当年度工作没有满一年，是不能享受年休假的，让我找新单位安排去。哪有这样的道理呢？"最近，一位劳动者周某找到当地劳动保障监察机构，希望工作人员能为他"主持公道"。

原来，周某已在公司工作了11年，最近向公司提出辞职，并提出让公司在他正式离职前把今年的10天年休假安排完或者支付未休年休假工资。但公司拒绝了，理由是周某是自己辞职的，不能享受离职前的休假；而且现在才9月，周某今年的工作时间未满一年，更没有资格休假。"你要想休假，就去新单位休去！"公司人力资源部经理的这句回应让周某十分寒心。于是他来到当地劳动保障监察机构咨询，自己能否在原公司休完年休假再离开。

劳动保障监察机构工作人员告诉周某，他有权在原公司休完今年的一部分假期。《企业职工带薪年休假实施办法》

第十二条规定，用人单位与职工解除或者终止劳动合同时，当年度未安排职工休满应休年休假的，应当按照职工当年已工作时间折算应休未休年休假天数并支付未休年休假工资报酬，但折算后不足1整天的部分不支付未休年休假工资报酬。因此，无论是不是周某主动解除劳动合同，公司都应在他离职前承担安排年休假的义务，否则就应支付未休年休假工资。同时，对周某来说，今年他在原公司可以享受的年休假天数，并不是与他工龄对应的10天，而要根据今年在原公司的已工作时间来折算，折算方法为：（当年度在本单位已过日历天数 ÷365天）× 职工全年应享受的年休假天数－当年度已安排年休假天数。同样，当周某入职新单位后，他也有权享受根据当年度剩余天数折算后的年休假，折算方法为：（当年度在新单位剩余日历天数 ÷365天）× 职工全年应享受的年休假天数，同样是折算后不足1整天的部分不计入。

　　详细了解了离职时的带薪年休假享受条件与计算规则后，周某了解了自己的法定权益。在劳动保障监察机构工作人员联系周某所在公司并进行释法后，公司也了解了作为用人单位的义务。双方对于年休假问题达成了一致，公司支付了周某应得的未休年休假工资。

## 逾期未申请补休视为放弃，这样的规定合理吗？

"我想知道，我现在真的既不能要求补休，也不能要求公司支付加班费了吗？难道我加的那些班，就算我白给公司干了吗？补休和支付加班费这种事，公司也可以设置'有效期'吗？"这天，某地劳动保障监察机构工作人员接待了一位劳动者小宋。他一连发出了好几个疑问，语气十分焦急。工作人员连忙让他坐下喝口水，讲讲事情的来龙去脉。

原来，小宋今年年初入职一家科技公司。他在今年上半年有两个月的时间，几乎每个休息日都要加班；到了下半年，虽然他在休息日不用加班了，但是平时也很忙，没有多余的工作日用来向公司申请补休。直到最近，小宋手头上的活终于忙得差不多了，他向公司提出，自己上半年加班较多，希望在接下来的连续一周多时间里补休，补偿那些被占用的休息日。但公司却表示，根据公司制度，申请补休时间为加班之后的3个月，逾期未申请视为放弃补休权利；小宋提出补休时，距离最后一个休息日加班的时间点已经过去了5个多月，也就是说他已经放弃了这项权利。小宋虽然入职时在规章制度上签过字，但已经不记得有这项制度了，而且他觉得这种对补休设置"有效期"的规定也太离谱，于是他又向公司提出，既然无法补休，那就支付加班费，也被公司拒绝了。

小宋很无奈，但是又不甘心，于是来到劳动保障监察机构反映自己的情况。了解事情原委后，劳动保障监察机构工作人员告诉他，公司的做法是错误的，他有权利要求公司安排补休或支付加班费。《中华人民共和国劳动法》第四十四条规定，休息日安排劳动者工作又不能安排补休的，用人单位应支付不低于工资的200%的工资报酬。由此可见，安排劳动者在休息日加班后补休或支付加班费，是用人单位的义务；而且，在不能安排补休的情况下支付的加班费，是劳动报酬的一种，用人单位负有向劳动者及时、足额支付劳动报酬的义务，不能自行设定支付劳动报酬的有效期。

小宋所在公司关于"逾期未申请补休视为放弃"的规章制度，严重违反法律、法规的强制性规定，免除了用人单位的法定责任、排除了劳动者权利，是无效的，不能作为管理依据。即使小宋申请补休的时间点超过了制度规定的所谓的补休时限，但只要提出补休申请，单位就有义务安排补休，或者支付加班费。即便制度是从方便劳动者的角度出发，规定劳动者申请补休时才安排，公司也有义务主动提醒职工尽快申请并妥善安排补休，不能逃避责任，将风险转嫁给劳动者。

　　最后，经过劳动保障监察机构工作人员执法，小宋终于拿到了自己应得的加班费。

## 每天迟来几小时，可以折抵年休假吗？

"你自己算算，一天年休假24小时，平均分配到你下个月的工作日，你每天都可以迟一个小时来，公司还照样算你正常出勤，这不一样是休假吗？"吴经理的这番说辞，让小李无言以对。

这天，小李向公司提出下个月休几天带薪年休假，陪家人出去旅游。当他来到人力资源部办公室领取休假条时，人力资源部吴经理却交给他一本新制度手册："这是公司刚刚修改的规章制度，你好好看看其中关于年休假的规定吧！"小李疑惑地翻开条文，当看到其中"公司不再接受个人年休假申请，职工可自行选择任意工作日迟到或早退1~2小时，直至当年迟到或早退时长折抵法律规定的当年年休假时长"的文字时，他差点以为自己眼花看错了。小李向吴经理求证这一制度是否真的要执行，吴经理给予了肯定的回答并解释了一番。第一次听到这么奇特的休假制度，小李一时没反应过来，等他明白这意味着自己的年休假泡汤了之后，一股怒气涌上心头，他将这本手册狠狠扔在了地上："公司怎么能这样占我们的便宜？"

经过和吴经理的激烈争论，小李仍然没能讨回自己的休假权利。他咽不下这口气，来到劳动保障监察机构，咨询公司的这项新规定是否合法。

劳动保障监察机构工作人员翻阅了公司休假制度内容后告诉他，公司的这种将年休假分解到每个工作日1~2小时的做法不合法。虽然用人单位有权对劳动者的具体休假作出安排，但不意味着能够随意分解劳动者的休假时长。《企业职工带薪年休假实施办法》规定，职工当年度年休假天数折算后不足1整天的部分不享受年休假，这表明年休假应按天计算。这样是为了充分维护职工休息休假权利，调动职工工作积极性。而小李所在公司的做法，客观上会导致职工无法统筹安排正常休假，年休假制度形同虚设，严重侵犯了法律赋予职工的休息休假权。而且，公司这份新出台的制度涉及职工的切身利益，却显然没有经过民主程序制定。这些都表明了其中有关年休假的规定是无效的。

最后，劳动保障监察机构工作人员上门执法，对小李所在公司作出责令限期改正的处理。公司最终宣布这份规章制度作废，小李和其他职工享受到了正常的年休假。

## 签订解除劳动合同协议后，公司还有责任安排年休假吗？

"我们明明已经签了解除劳动合同协议了，他却还提出当年的年休假没有休，要求公司安排休年休假或提供补偿，这可怎么办呢？"这天，某地劳动保障监察机构接到了一家公司负责人的求助电话。对于如何处理即将离职职工的年休假要求，这家公司存在困惑。

这家公司最近与一位职工张某协商解除劳动合同，双方谈定了解除劳动合同的经济补偿，并在公司拟定的解除协议上签字。但是，第二天张某却提出,他当年的年休假还没有休,在双方协商时他忘了这件事,公司也没有在协议中有任何说明。他要求,公司要么安排他休完年休假后再正式结算工资、办理社保关系转移及其他离职事项,要么支付未休年休假工资报酬。这让公司负责人有些头疼,他不想打乱原来设想好的离职交接流程,也不想再支付协议之外的任何补偿,为了知道该怎么做才能减少风险,便打电话来咨询劳动保障监察机构。

劳动保障监察机构工作人员了解情况后告诉公司负责人,享受带薪年休假是劳动者的法定权利,依法安排劳动者休假或支付未休年休假劳动报酬是用人单位的法定责任,即使对于已经签订了解除劳动合同协议的劳动者,这份责任也不能随意推卸,当然,具体如何承担责任,要分情况来看。如果双方约定签订协议后解除劳动合同行为立即生效,意味着此时用人单位不能再安排休假,在协议中未对年休假问题作出约定的前提下,用人单位应当另行支付未休年休假工资报酬;如果签订协议后双方还要经过一系列结算、交接流程才能正式解除劳动关系,在劳动关系存续期间,用人单位可以安排职工休假,待休假结束后再正式办理离职手续。所以,公司应当根据双方的具体情况安排好相关事宜,这样才能规避法律风险,让双方"好聚好散"。

听了劳动保障监察机构工作人员的解释之后,公司负责人明白了该怎么做。公司与张某充分沟通后,向张某支付了未休年休假的工资报酬,双方的劳动关系顺利解除。

## 奖励旅游可以取代法定带薪年休假吗？

"公司安排的是奖励旅游，当时也没说这会占用我今年的年休假呀。怎么莫名其妙把我的年休假给顶替了？"听公司人力资源部说自己的年休假被"销"了，刘先生非常疑惑。

2024年，刘先生工作满10年，每年可以享受10天的年休假。几个月前，他趁着所在部门项目不忙，制订了出游计划，并向公司提出休假申请。没想到，公司没有同意他的休假申请。公司的理由是，在今年年初，公司已经安排刘先生等上年度被评为优秀职工的职工享受了一次10余天的旅游，这次奖励旅游的天数长于刘先生今年的应休带薪年休假天数。因此，刘先生没有资格再享受今年的带薪年休假。

这一批复，让刘先生很失望，他还想争取，但得到的答复都是和原来一样的"不予批准"。刘先生心生不满，他当时隐忍下来，但已决定要维权。不久之后，由于种种原因，刘先生辞职了，他同时也提起了劳动争议仲裁申请，要求公司支付当年未休年休假的工资报酬。

在仲裁调解阶段，公司仍拒绝支付这一补偿，理由和当初一样，认为刘先生已经享受了奖励旅游，就等于休假了。但劳动争议仲裁委员会工作人员对公司进行了释法。首先，公司安排的旅游，是对优秀职工的奖励和福利，与劳动者普遍能够享受的法定带薪年休假权利性质上不能等同。其次，《职工带薪年休假条例》第四条规定，职工有下列情形之一的，不享受当年的年休假：职工依法享受寒暑假，其休假天数多于年休假天数的；职工请事假累计20天以上且单位按照规定不扣工资的；累计工作满1年不满10年的职工，请病假累计2个月以上的；累计工作满10年不满20年的职工，请病假累计3个月以上的；累计工作满20年以上的职工，请病假累计4个月以上的。根据上述法律规定，在劳动者不能享受年休假的诸种法定情形中，并不包括"已享受奖励旅游"这一情形。最后，该公司也无证据表明，公司和刘先生已就"奖励旅游可取代法定带薪年休假"达成共识。法律规定，用人单位有权根据生产、工作的具体情况，并考虑职工本人意愿，统筹安排职工年休假，但这并不意味着劳动者完全丧失了对休假时间和休假方式的自由安排权，在公司没有事先说明或协商一致的前提下，单凭刘先生享受了奖励旅游这一事实，并不代表刘先生的年休假已被代替。

劳动争议仲裁委员会工作人员的详细释法，让公司了解了法条对劳动者休假权的规定，也认识到了自己的错误。双方很快达成调解协议，刘先生得到了自己应得的未休年休假工资报酬。